Les Éditions du Boréal
4447, rue Saint-Denis
Montréal (Québec) H2J 2L2
www.editionsboreal.qc.ca

CARNETS DE NAUFRAGE

Guillaume Vigneault

CARNETS DE NAUFRAGE

roman

Boréal

Les Éditions du Boréal remercient le Conseil des Arts du Canada
ainsi que le ministère du Patrimoine canadien et la SODEC
pour leur soutien financier.

Diffusion au Canada : Dimedia
Diffusion et distribution en Europe : Les Éditions du Seuil

Données de catalogage avant publication (Canada)

    Vigneault, Guillaume, 1970-

    Carnets de naufrage

    ISBN 2-7646-0026-7

    I. Titre.

PS8593.I36C37   2000   c843'.6   C99-941856-4

PS9593.I36C37   2000

PQ3919.2.V53C37   2000

À Isabelle

The wounds she gave me
Were the wounds that would heal me.

STING, *I Was Brought to My Senses*

Je suis rentré à Montréal sous un de ces orages apocalyptiques de juillet. Je roulais lentement dans l'averse violente, incapable de voir à plus de dix mètres devant moi. Le nez collé au pare-brise, je regardais le ciel se lézarder de lumière pendant que le tonnerre faisait vibrer le châssis de la voiture.

J'ai fini par me ranger sur le côté de la route. Le moteur a aussitôt calé, l'eau ayant dû s'infiltrer quelque part dans le circuit électrique. J'ai mis la radio et j'ai allumé une cigarette. Des rafales de vent sifflaient sous la tôle. J'étais garé au milieu de nulle part, sur une mince bande de bitume, entre deux champs de maïs ondoyant sauvagement sous les feux bleus de l'orage. Ça ressemblait à l'océan, en vert tendre. J'ai tenté de redémarrer mais le moteur a rechigné. Je n'ai pas insisté. Les bougies étaient à remplacer.

J'ai enlevé ma chemise et suis descendu de voiture. La

pluie était tiède, presque chaude. Je me suis étendu sur le capot, les yeux plantés au ciel, ma cigarette trempée aux lèvres. Il y avait du Bach à la radio, une étude toute simple que ma sœur jouait au piano. J'ai estimé mentalement mes chances d'être touché par la foudre, en cet instant précis. Infinitésimales. Décevantes.

L'orage est passé au bout d'une vingtaine de minutes, déplaçant sa rage vers l'est, tandis qu'une brise chaude prenait sa place. Je me suis remis au volant et, après plusieurs essais, le moteur a redémarré en toussotant. J'étais trempé jusqu'aux os mais je n'avais pas froid. Lorsque je suis arrivé chez moi, le ciel s'éclaircissait par endroits, laissant traverser de rares rayons de lune. J'ai téléphoné à ma mère pour lui dire que j'étais rentré sans problème. Elle s'inquiète toujours quand elle me voit prendre la route par mauvais temps.

J'ai laissé sortir les chats, puis j'ai arrosé les plantes. Marlène avait dû partir dans l'après-midi, comme convenu. Son odeur flottait encore dans tout l'appartement. Je me suis effondré dans le lit trop grand, ce désert.

Cette vie n'était pas la mienne.

1

Je me suis levé doucement, sans réveiller le chat, j'ai enfilé un jean et, sur la pointe des pieds, je suis allé à la cuisine. Dans la pièce chaude, le soleil oblique de neuf heures faisait danser la poussière. J'ai allumé la cafetière. Il y avait douze jours que Marlène était partie.

Je suis descendu chercher le journal au bas de l'escalier. Le béton du trottoir était encore frais. Je suis resté là un peu, pieds nus, à humer l'air comme un chien qui s'éveille. Un cycliste est passé et je suis remonté. Pendant que gargouillait la cafetière, je me suis servi un grand verre de jus. Petit survol des nouvelles habituelles, météo, sports. Le monde était toujours en place, ce qu'il est réconfortant d'apprendre avant le premier café de la journée. Et puis la lecture du journal, au fond, tient davantage pour moi du rituel que d'une quelconque soif d'information; le premier signe de ponctuation de la journée.

Armé d'une grande tasse de café, j'ai attaqué les mots croisés. Arbrisseau africain. Thulium. Chef-lieu de la Marne. Je finis toujours par buter sur ces petits mots bêtes, dont je suis incapable de me souvenir. Mais à la rigueur, ça me rassure de savoir que je ne m'obstrue pas trop les méninges avec ce genre de renseignements. J'ai toujours été un cruciverbiste médiocre, sans la moindre ambition de m'améliorer.

L'appartement était silencieux, sauf pour le râle étouffé des voitures qui montait de la rue. J'ai mis la radio et un air d'opéra italien plutôt gai a empli la pièce. J'ai allumé une cigarette. J'avais envie d'oisiveté, et l'idée de ne rien faire de ma journée me comblait d'aise. Cela prenait l'allure d'un projet, et en tant que tel, il en valait bien un autre, à la différence que mes chances de succès étaient bonnes. Même dans mes pires léthargies, je ne me suis jamais refusé une journée de repos, ce qui ne constitue un paradoxe qu'en apparence.

J'ai plus ou moins terminé les mots croisés, omettant deux ou trois symboles chimiques et un homme d'État israélien. J'ai nourri les chats, mais seul le gros gris s'est présenté à table. L'autre avait l'habitude des escapades nocturnes. Ça m'a rappelé qu'il fallait le faire castrer. J'ai ensuite repris le journal, m'arrêtant aux résultats du tennis féminin et à la politique municipale. Quand j'en ai été réduit à décrypter machinalement les cotes de la Bourse, j'ai décidé de sortir faire un tour.

Il était rare que je sois debout aussi tôt, et la ville, dans cette lumière tendre du matin, me paraissait neuve, factice même. Une brillante contrefaçon de celle que je connaissais, une ville de carton-pâte. Les gens, aussi, semblaient tous avoir une destination précise en tête. J'ai accordé sans tarder mon pas avec le leur, flâneur clandestin dans la mêlée.

Pour la première fois depuis un mois, j'étais presque léger. Mes angoisses ne s'étaient en rien estompées, mais elles semblaient me donner un répit. J'émergeais un peu, et lorsque le visage de Marlène m'apparaissait, mon esprit l'effleurait à peine, de peur de briser ce charme que je devinais fragile. Je savais illusoire cette rémission. Marlène m'avait fauché au ras du sol, sauvagement, sans avertissement, et mon débitage ne faisait que commencer. Mais ce matin-là, je sentais de nouveau ma sève. C'était une impression timide, étrange aussi parce que j'avais l'intuition que la vie n'aurait jamais plus exactement le même goût. Pas l'*idée* de la vie ; le soleil sur ma peau, une lumière, quelque chose dans la façon dont mes pas me portaient. Une part minuscule de moi acceptait le départ de Marlène, une part de moi était fascinée par le chaos, par l'abolition si impromptue de tout ce que je tenais pour solide. Une part de moi jubilait même, et flânant en ce matin du mois d'août, il y avait dans mes oreilles comme les échos ténus d'un rire, le mien. « Tout n'est pas perdu », me disais-je, et cette phrase toute bête me suffoquait par instants d'une joie fébrile, dérisoire.

J'avais voulu crever, ces soirs où elle était chez lui. Trop fatigué pour haïr, je m'étendais sur le plancher de la cuisine, et je ne demandais que cela, crever. De longues plaintes sourdes s'échappaient de ma gorge, des sons inconnus venus du ventre. Je ne pleurais pas, car la brûlure n'était plus du chagrin. À l'endroit où j'aurais dû sentir sa pointe rougie se ficher en moi, il n'y avait qu'un gouffre béant. Et du fond du gouffre montait cette voix animale qui m'empêchait de penser, qui brouillait tout en moi, ce séisme intérieur qui faisait vibrer mes os. Il y avait aussi ces mots qu'elle me laissait, des phrases absurdes, des mots doux. *Je ne rentrerai pas ce soir. Ne t'inquiète pas. Je t'aime.* Je les trouvais sur la table de la cuisine en rentrant, et la seule vue d'un de ces petits papiers blancs, dans la pénombre, me retournait les entrailles. Une coulée d'acide dans la gorge. Je tombais à genoux. Si seulement elle m'avait laissé haïr. J'aurais tellement voulu haïr. Haïr comme un damné, comme une hyène, comme un enfant.

Cette haine muselée me quittait lentement. Pendant des semaines, j'aurais sauté à la gorge de n'importe qui, armé du plus léger prétexte. Mais cela devait se sentir car, même en cherchant assidûment, je n'avais trouvé personne à qui faire payer l'addition salée qu'on m'avait refilée, à part un ivrogne violent que j'avais expulsé du bar. Assailli par un remords absurde, j'étais ressorti sur le trottoir pour m'assurer que je ne lui avais pas fait trop mal. Incapable d'une haine pure, je me rabattais sur une hargne incertaine et bancale. Pathétique. J'avais néanmoins appris, durant ces dernières semaines, qu'un peu d'assurance s'avère la dissuasion la plus efficace, et qu'on peut être d'une arrogance indécente tant et aussi longtemps que l'on donne l'impression d'avoir l'échine qu'il faut. Chercher le trouble n'est pas nécessairement la manière idéale de le trouver.

Comme je marchais rue Mont-Royal, pourtant, ces tièdes envies homicides se dissipaient. Dans un café, je me suis installé le long des grandes baies ouvertes sur le trottoir. Le soleil du matin avait une douceur que j'avais oubliée, une lumière safran qui réchauffait lentement les trottoirs. J'ai commandé un café au lait et attaqué un autre journal.

Marlène était partie réfléchir ; s'éloigner de la tourmente pour mieux en prendre la mesure. Enfin, c'était là son intention. J'avais accueilli cette décision avec gravité, car Marlène me forçait ainsi à prendre sa liaison au sérieux, ce que j'avais jusqu'à ce point refusé obstinément de faire. Je me refusais même à considérer que son amant était autre chose qu'un symptôme, sorte de sous-produit bénin de nos problèmes. Que cette histoire aberrante perdure me faisait perdre pied. L'infidélité m'avait peut-être semblé impensable autrefois, mais je devinais avec dédain que j'aurais pu moi-même faillir ; je n'avais jamais trompé Marlène, mais si naguère j'avais pu tirer fierté de ma droiture, je saisissais maintenant que, dans des circonstances enivrantes, je l'aurais fait sans hésitation ni remords. Peut-être voulais-je me persuader que j'étais cela : un fourbe potentiel. Peut-être aussi avais-je besoin de croire que seul le hasard avait fait en sorte que Marlène amorce ainsi ce manège assassin. À l'image repoussante d'un cocu, je préférais infiniment celle, guère plus reluisante il est vrai, d'un salaud devancé. Mépriser Marlène m'était insupportable, et s'il me fallait forger une image abjecte de moi-même pour atténuer cette douleur, eh bien ! soit. J'aurais tellement voulu haïr.

Les deux premières semaines avaient été faites des heures les plus insoutenables de ma vie. Mon état me rappelait une lecture d'adolescence, un roman de science-fiction dont le titre, à l'époque, avait fait impression sur moi : *L'Homme dissocié*. Dans ce récit intergalactique, tel était le châtiment suprême : la *dissociation,* qui consistait, grosso modo, à scinder un condamné en un nombre vertigineux de parcelles, chacune consciente de son isolement, de son incomplétude. L'atroce — ou plutôt le sublime — de l'affaire tenait au fait que chacune de ces miettes sub-moléculaires se voyait promise à une éternelle errance aux quatre coins de la galaxie ; le désespoir à perpétuité. L'idée faisait froid dans le dos.

Attablé devant mon journal, je sentais mes miettes se réorganiser. Des essaims de moi se densifiaient lentement, convergeaient vers une forme. J'ai aperçu Camille sur le trottoir. Le vent jouait avec sa robe et elle s'en foutait, aérienne, et elle était belle, et je suis sorti du café en coup de vent.

2

J'avais rencontré Camille la semaine précédente, durant un quart de travail à *L'Asile*. Elle était venue fêter l'anniversaire de sa copine au bar, par un soir d'averse. Nous étions à peine une dizaine, et la pluie sauvage qui s'abattait au-dehors nous donnait la diffuse impression de partager un refuge, comme des voyageurs égarés en rase campagne qui se réunissent dans une grange abandonnée. Ce fut une de ces soirées à la chimie si particulière, de celles, rares, qui me font aimer le métier de barman ; une soirée d'allégresse gratuite. Je crois même que j'avais réussi à penser à Marlène sans m'émietter complètement. Nous avions bu à l'excès, gaiement, et avions passé la dernière heure à valser sous la pluie battante, exaltés, à moitié nus, au milieu de la rue déserte. Puis on avait éteint la musique, rallumé les lumières et chacun était rentré chez lui, la tête encore légère et, dans mon cas, les yeux encore ivres de

Camille dansant sous la pluie. Cette nuit-là, j'étais parvenu à dormir. Les mille hyènes qui m'éviscéraient jour après jour s'étaient tues.

Je n'avais pas revu Camille, et m'étais vite résigné à ce qu'elle n'ait été qu'une jolie comète dans mon existence. Et voilà que je la suivais dans la rue, sans la moindre idée de mes intentions. Je me trouvais idiot, mais le jeu me faisait sourire et j'en avais bien besoin. Alors, quand Camille est entrée dans un bistro, deux coins de rue plus loin, j'ai décidé que j'avais envie d'un autre café.

Elle s'était assise au fond de la salle et lisait devant un café au lait. J'ai commandé la même chose au comptoir, impatient de saisir son regard. Jouant d'une maladresse fortuite, j'ai laissé tomber ma monnaie sur le carrelage; elle a levé les yeux. Elle m'a reconnu. Un sourire de Joconde a glissé sur son visage, je crois. D'un hochement de tête, elle m'a invité à sa table.

— Camille… c'est bien ça? ai-je hésité.

— Oui, c'est ça. Alexandre… c'est bien ça? m'a-t-elle répondu, narquoise.

Elle lisait *Lolita* de Nabokov. Je me suis assis. Elle s'est remise à lire, et je l'ai regardée. Il me semblait que nous aurions dû parler, affaire de protocole en quelque sorte, et pourtant j'étais bien, et le silence entre nous était léger comme une brise. Ce n'était pas du vrai silence. Au bout de cinq minutes, elle a refermé son livre et s'est étirée longuement, comme si elle émergeait d'une transe. Elle m'a fixé un moment, et j'ai soutenu son regard avec amusement, sans effort.

— On mange ensemble ce soir? m'a-t-elle dit enfin.

J'ai avalé de travers, ça l'a fait rire.

— Évidemment, ai-je balbutié effrontément.

— C'est moi qui t'invite.

C'était elle, l'effrontée.

3

Camille m'a emmené dans un restaurant tenu par des amis à elle, où flottaient d'étranges arômes. Déconcerté par la carte décidément trop exotique, je l'ai laissée choisir pour moi, fasciné par sa tranquille assurance. J'avais vingt-sept ans, elle en avait dix-neuf. Elle avait clairement mille ans de plus que moi. « Une vieille âme », m'aurait soufflé mon oncle Toby, s'il l'avait rencontrée ne fût-ce qu'un instant. Et je l'aurais cru, ce vieux fumiste. Elle avait un don, que je nommerais *un talent pour la langueur.* Je l'écoutais me parler de cette voix douce, un peu traînante, et la vie redevenait un vaste pré. Elle me parlait de voyages, de ses études en histoire de l'art, de la Renaissance italienne. Elle me contait sa vie en demi-teintes, ses idylles légères, ses projets flous. C'était doux de sentir que l'existence pouvait être autre chose qu'un grand charnier. J'en venais à penser que ma douleur était une simple vue de l'esprit, et pas une fois je n'ai prononcé le nom de Marlène. Pas pour être malhonnête, pas pour cacher quoi que ce soit à Camille. Juste pour être bien.

Je l'ai raccompagnée chez elle vers minuit. Au coin de sa rue, elle m'a embrassé sur la bouche, puis, sans me laisser le temps de me remettre, elle s'est enfuie en riant, m'adressant par-dessus son épaule un signe de la main. J'en suis resté troublé, saisi de la confuse intuition qu'il me fallait rester planté là, les bras ballants, la tête en feu. J'ai terminé la soirée seul, devant des scotchs hors de prix, avec un sourire de veau.

J'ai revu Camille trois jours plus tard, par hasard. Il faut dire que, passant mon temps à flâner dans les endroits stratégiques, je lui forçais un peu la main, au hasard.

— Qu'est-ce que tu lis ?

— Pas grand-chose, lui ai-je répondu, je passe le temps. Tu t'assois un peu ?

Camille a pris place en face de moi. J'ai corné ma page et l'ai observée un moment. Elle a baissé les yeux, puis a paru hésiter un instant avant de parler. Elle a souri et s'est reprise.

— Quelqu'un m'a dit que t'étais marié. C'est vrai ?

L'ivresse qui me portait depuis quelque temps, cette apesanteur languide, s'est évaporée en un souffle. Je suis resté muet, les yeux rivés sur les mégots accumulés dans le cendrier. Camille me dévisageait calmement, avec cet air imperturbable de madone que lui donnaient ses yeux toujours mi-clos, ses longs cheveux presque roux, ce sourire serein.

— Ça fait longtemps ?

— Quoi ?

— Que t'es marié.

— Euh… quatre ans et demi. À peu près.

Elle a pris une gorgée de son café, sans me quitter des yeux.

— Pourquoi?

— Quoi, pourquoi?

— Pourquoi tu t'es marié?

Pas évident à formuler. Je m'étais marié par bravade, un peu, mais surtout je m'étais marié comme on fait un serment, en cédant quelque chose, en sacrifiant une part de cette liberté informe et monstrueuse qui m'inquiète depuis aussi longtemps que je me souvienne. À vrai dire, je ne croyais pas m'être marié par amour, mais pour faire de l'amour quelque chose de grave, pour ne pas être, au moins une fois dans ma vie, inconséquent. C'est un peu ça, mais pas tout à fait. C'est autre chose aussi. Je ne sais pas.

— Pour les vraies raisons, je suppose, ai-je dit bêtement.

— Et pourquoi…

— Pourquoi on n'est plus ensemble? Parce qu'elle m'a laissé, parce qu'on ne se voyait plus, parce qu'il paraît que j'étais absent, désinvesti…

— Il *paraît*?

— Oui, il *paraît* que j'étais désinvesti…

Ah… *Désinvesti*. Quel mot. C'était l'accusation fatale, cette litanie de quatre syllabes, le leitmotiv, le mantra, l'alibi fuyant; c'était le goudron dans lequel Marlène avait englué ma colère. « Tu t'es désinvesti », elle brandissait ce blâme comme une saloperie d'immunité diplomatique, l'air de dire : « Que veux-tu que j'y fasse? »

24

— … et puis aussi parce qu'un bon ami s'est laissé tomber amoureux d'elle, parce qu'elle l'a laissé faire, parce que j'ai fait confiance à tout le monde, et parce que tout le monde s'est pas mal foutu de ma gueule… parce que, bon…

Je me suis allumé une cigarette. J'avais été un peu acide, et je me rendais compte que ma colère avait le sommeil léger. J'ai adressé à Camille le plus radieux sourire que je pus m'arracher.

— Mais sinon, tout va merveilleusement bien, tout est *super*…

Elle a ri. Un joli rire, un rire velouté. Les yeux fermés, la gorge offerte. Je sentais pousser mes canines.

— En fait, t'es complètement perdu, tu sais pas ce que tu fais. C'est un peu cliché, tu trouves pas? Je veux dire… moi, toi, c'est le ricochet classique… a-t-elle lâché, malicieuse.

Je n'ai rien dit. Je n'allais tout de même pas me défendre, ç'aurait été un peu lamentable. Mais j'ai songé qu'on est toujours en situation de ricochet, à un certain degré. Et que ça n'a rien de nécessairement *classique*.

— Moi, j'aime les choses simples, a-t-elle conclu.

— Les choses compliquées sont plus intéressantes.

Je n'y croyais pas vraiment. Elle m'a regardé avec une drôle d'insistance, et j'ai eu l'impression qu'elle cherchait à voir qui se cachait sous les gravats, sous l'amoncellement de ruines qu'elle devinait. Elle a hoché la tête. Un air grave a glissé sur son front.

— Ouais. Peut-être que j'aimerais aimer les choses simples.

4

Ce soir-là, elle m'a invité à manger chez elle avec quelques-uns de ses amis. Il faisait chaud et nous avons mis la table dans la véranda, qui donnait sur une jolie cour envahie par le lierre et la vigne grimpante. Avec un peu d'imagination, je me trouvais en Italie ; et la rumeur étouffée de la ville était celle des rues sinueuses de Sienne, en été, après le Palio. Dans la cuisine, ouverte sur la véranda, Camille s'affairait tranquillement à préparer le repas pendant que nous discutions en buvant du vin. Il y avait une guitare et j'ai joué un brin de bossa-nova, en chantonnant des bribes de portugais. Camille portait une petite robe imprimée et, sous le tissu diaphane, je regardais ses courbes qui dansaient. Elle allongeait un bras pour saisir une assiette sur une étagère et je devinais un sein, dans ses moindres détails. Elle se penchait pour prendre une casserole dans le bas d'une armoire et mon regard plongeait le long de son cou, dans la coupe ample de sa robe, jusqu'à un éclat furtif de son ventre, qui m'étourdissait. Et puis mes yeux glissaient sur ses jambes, si intensément qu'elle devait en sentir la caresse, de sa cheville au mollet effilé, puis le long de sa cuisse et son fin duvet blond, jusqu'à la naissance des fesses, que je me représentais avec une douloureuse facilité sous les motifs fleuris. Je n'entendais plus vraiment les conversations à la table, les voix parvenaient à mes oreilles comme une langue étrangère, une simple succession de sons. Quand il est devenu évident que j'avais épuisé mon maigre répertoire de musique latine, Camille m'a donné quelques gousses d'ail à émincer. Elle savait mon trouble et s'en amusait. De temps à autre elle levait les yeux, me surprenait en flagrant désir, souriait. D'ailleurs, je ne m'en cachais pas. Dans cet état de plus en plus voisin de la transe, j'ai bien sûr fini par m'entailler un doigt. Camille s'est esclaffée. Les autres voyaient mal ce qu'elle trouvait drôle à me voir sautiller, un doigt dans la bouche, mais moi je savais très bien qu'elle se foutait de ma gueule et je riais aussi. Elle m'a attrapé par le bras.

— Viens, on va désinfecter ça, m'a-t-elle dit en me guidant vers la salle de bains.

Elle m'a fait asseoir sur le rebord de la baignoire puis a fouillé la pharmacie pour prendre des pansements, de l'alcool et du coton.

— Montre, voir.

Je lui ai tendu la main blessée.

— Aïe ! Tu t'es pas raté ! C'est ce qui arrive quand on n'est pas concentré sur ce qu'on fait… Bon, ça va piquer, attention…

Ça brûlait méchamment, mais ma main valide remontait sous la robe de Camille, et ça rendait la chose supportable. Elle n'a rien dit, elle a juste souri un peu en continuant de tamponner mon doigt délicatement avec la ouate. J'ai caressé son dos un moment, puis avec une audace qui m'a surpris moi-même, j'ai fait glisser son slip, lentement, jusqu'à ses chevilles. Elle a tressailli, à peine. Tout en maintenant le coton sur ma plaie, elle a déroulé un morceau de pansement en en tenant une extrémité entre ses dents. J'ai effleuré l'intérieur de ses cuisses du bout des doigts. Sa peau était douce. Léger tremblement dans le genou. J'ai posé ma main sur ses fesses, puis je l'ai attirée à moi, doucement. Elle a pris les ciseaux sur le lavabo et elle a coupé une bande de pansement. J'ai glissé ma joue contre sa cuisse, puis mes lèvres. Mon visage sous sa robe. Elle a enveloppé mon doigt dans le pansement. J'ai enfoui mon nez dans l'aine, posé ma bouche tout près. Elle sentait la vanille. Le rouleau de ruban adhésif est tombé par terre. Ma main sur ses fesses. Je l'ai pressée plus fort contre moi. Elle a pris appui sur un porte-serviette. Mon souffle entre ses cuisses. Mes lèvres l'ont effleurée, presque rien. Elle a dit quelque chose. Un goût capiteux. Sueur, miel. Elle a murmuré autre chose. Une langue étrangère. Elle a serré mon doigt blessé. J'ai senti le sang imprégner le pansement, c'est devenu chaud, moite ; une douleur sourde, ponctuée des battements de mon cœur. Camille a posé une main sur ma nuque, elle m'a pressé contre elle un moment, puis d'un geste brusque, elle m'a tiré vers l'arrière.

— Les pâtes vont être trop cuites !

J'ai mis trois secondes à comprendre ce qu'elle entendait par cette phrase absurde, puis j'ai ri. Elle m'a embrassé sur la bouche, a rajusté sa tenue, puis elle est redescendue à la cuisine, me laissant haletant, assis sur le rebord de la baignoire avec ce pansement ridicule qui pendait au bout de mon doigt.

Les pâtes étaient juste à point. Nous étions six à table, mais je me trouvais incapable de détacher mon regard de Camille. J'avais la peau qui me brûlait. J'essayais bien de me montrer plaisant, mais c'était peine perdue. Camille était un vortex, elle aspirait mon regard, mes pensées, le moindre de mes gestes. Lui passer le sel était troublant ; remplir sa coupe de vin, enivrant ; et frôler sa robe était intolérablement exquis. Au bout d'un moment, j'ai réussi à calmer un peu le trouble incendiaire qui m'habitait, prenant conscience que l'on me traitait de plus en plus à cette table comme un enfant autiste, tant j'avais l'air absent. On a fini le vin en mangeant, mais quelqu'un avait apporté une bouteille de porto, qu'on a bue au dessert. On a fini le porto, mais comme j'avais apporté de la sambuca, eh bien ! on a bu encore. Et puis vers une heure du matin, les amis sont allés se coucher et il n'est resté que Camille et moi. J'ai caressé sa nuque et elle s'est endormie sur mon épaule. Je l'ai portée jusqu'à son lit, à l'étage, ce qui n'a pas été une mince affaire vu l'état dans lequel je me trouvais. Je l'ai déshabillée avec lenteur, mais elle s'est éveillée à demi. « Je trouve que vous vous permettez certaines libertés, cher ami… », c'est ce qu'elle m'a dit, sans ouvrir l'œil. Je n'ai rien répondu. Elle a soulevé ses hanches légèrement, et j'ai pu faire glisser sa petite culotte. Puis elle s'est tournée sur le côté, dos à moi. Je me suis dévêtu et me suis couché tout contre elle. « Fais-moi l'amour doucement. Tu serais gentil », m'a-t-elle dit.

J'ai été gentil.

5

J'ai passé les quelques jours suivants dans l'aura feutrée de Camille. Par moments, Marlène ne me manquait plus vraiment ; par moments, j'étais de nouveau entier, entier mais différent, coupé d'une part douloureuse de qui j'étais, l'âme anesthésiée. Ce sentiment me faisait tourner la tête et c'était doux, vertigineux. Et Camille savait. Camille ne disait rien, elle souriait, passait sa main dans mes cheveux. Quand mon regard fuyait, elle regardait ailleurs ; jamais elle ne paraissait déçue, aigrie par mes absences, et je lui en étais reconnaissant. Je ne comprenais pas comment elle faisait. Ça me confirmait qu'il y avait d'autres façons que la mienne de sentir la vie. Cela aussi me réconfortait.

Marlène était toujours terrée au fond de sa retraite campagnarde, et je sentais bien que ce qui devait être un paisible exil, où elle croyait pouvoir exorciser les désirs qui l'étourdissaient, se muait en un isolement stérile et déchirant. Elle téléphonait de moins en moins souvent, et nos conversations se diluaient dans de longs silences, durant lesquels il me semblait que nous apprivoisions, à regret, cette détresse innommable. Chagrin lancinant de constater la lente évaporation de ma révolte, récemment si vive encore. Au lendemain de ma première nuit passée avec Camille, j'avais appris, par une charmante coïncidence, que Marlène avait reçu la visite de l'autre. Un de mes amis les avait vus ensemble, là-bas. J'ai accueilli cette nouvelle trahison avec une étrange résignation, le sentiment que la catastrophe n'avait été évitée jusqu'à présent que par mon acharnement à maintenir intact un lien déjà rongé de l'intérieur, l'impression que je n'avais réussi que pendant un temps à freiner chez Marlène un élan dont je pressentais, depuis le début peut-être, qu'il était inéluctable, cette pulsion destructrice latente qui n'éclôt vraiment que chez les gens trop intègres, épargnant les hordes de frileux dont je fais partie. Et pourtant, à travers ce dépit, j'éprouvais aussi un plaisir acéré, l'ignoble satisfaction d'avoir en quelque sorte égalisé le score, m'enivrant de Camille avec désinvolture tandis que Marlène croupissait au fond des bois. Mais ce plaisir se flétrit assez tôt. Marlène avait porté le premier coup et rien ne pouvait dépasser cela en éclat, en gravité ; aussi l'impression que je me vengeais, si pitoyable et inélégante, me quitta-t-elle vite. Du reste, j'étais amoureux de Camille. Peut-être amoureux, oui.

J'aimais Camille avec ma peau. Et elle m'aimait, je crois. Sa peau, elle, enfin, l'ensemble avait une affection franche pour moi. Je ne sais trop ce qu'elle aimait de moi au juste, ou, à tout le moins, pourquoi elle aimait ce qu'elle aimait en moi. Elle goûtait, il me semble, mes absences et mes incertitudes, comme s'il s'agissait de choses précieuses et délicates. Je m'expliquais difficilement cette tendresse étrange, j'étais même sceptique, j'avais du mal à concevoir qu'on puisse m'aimer autrement que Marlène, pour d'autres raisons, des raisons opposées à la rigueur. Même absente — ou peut-être davantage par son absence —, Marlène demeurait la cruelle référence.

Incapable de supporter plus longtemps les murs de l'appartement que je partageais avec elle, et qui n'était plus qu'un sombre mausolée, j'emménageai en catastrophe chez Camille. Un étrange soulagement me gagna, comme si, arraché à mon décor habituel, libéré de tous ces objets qui m'enchaînaient à Marlène, j'étais libéré de moi, en vérité. Ce qui me liait à elle relevait soudain de la plus pure abstraction. De temps à autre, je m'infligeais un détour par l'appartement pour nourrir les chats, mais, hormis cette tâche, j'avais réussi à éliminer Marlène de mon existence. J'avais même acheté une nouvelle brosse à dents. Marlène ne m'appelait plus, et chaque jour passé sans nouvelles d'elle me laissait un peu plus serein, un peu plus anonyme à moi-même. J'avais l'impression de m'être embarqué clandestinement dans une histoire qui n'était pas la mienne ; mais tant qu'on voudrait bien me foutre la paix question passeport, billet, mon rafiot tiendrait la mer. Ça grondait au large, mais pour l'instant, c'était une mer d'huile. Chaude.

6

Je connaissais Camille depuis deux semaines lorsqu'elle m'invita à aller la rejoindre dans le Maine où ses parents avaient une maison au bord de la mer — maison que ni l'un ni l'autre, depuis un divorce violent, n'osaient habiter. Ils n'osaient pas davantage la vendre, je suppose. Le temps de faire une valise sommaire, de prélever une belle somme à la banque et d'avertir mon patron — une petite demi-heure —, et j'étais sur la route. Sur le pont qui me menait hors de l'île de Montréal, je me sentis rajeunir ; et à mesure que s'additionnaient derrière moi les kilomètres, j'appuyais un peu plus sur l'accélérateur, retrouvant avec surprise une témérité oubliée. À cent cinquante à l'heure, je retrouvais la mémoire ; une version antérieure de qui j'étais, quelqu'un que j'avais perdu de vue et qui, à présent, accourait pour me sauver la vie. Curieusement, j'avais l'impression de retrouver un ami d'enfance, un de ces compagnons qu'on délaisse sans s'en apercevoir, parce que notre vie se sédimente, parce qu'ils deviennent gênants et qu'on ne supporte plus les gens turbulents, parce qu'on vieillit. Il tenait le volant, un sourire en coin, l'air de dire : « Laisse-moi conduire, t'as plus les nerfs qu'il faut… » Il était arrogant, ce petit con, prétentieux, puéril, mais il avait du nerf. Et il m'emmenait loin, à tombeau ouvert, sur la musique de Morrison.

Toujours aimé la route. Toujours aimé le vent qui siffle sous la tôle, la vibration du moteur qui donne tout ce qu'il a dans le ventre. Et la sensation d'être coupé, pour un temps, du cours tortueux de sa vie. Il y a une plénitude dans cela ; pendant le trajet, l'existence se résume à deux compteurs, trois jauges et quelques gestes élémentaires, qu'on peut, bien sûr, raffiner un brin. Par exemple, il y a les gens qui ne rétrogradent pas quand ils s'engagent sur une bretelle d'autoroute un peu serrée. Moi, je suis de ceux qui rétrogradent. La boîte de vitesses en souffre, bien sûr, mais on épargne un peu les freins, et ça décrasse les cylindres, si je me souviens bien. En fait, cette histoire de freins, c'est plus une excuse qu'autre chose, ça déculpabilise un peu de passer en troisième à quatre-vingt-dix et de faire rugir le moteur pour le seul plaisir de la chose. Lorsque le virage se desserre, on envoie un peu de jus, juste assez pour que les pneus gémissent, juste assez pour prendre la fin de la courbe sur l'extérieur et se sentir propulsé, comme projeté par une fronde. Puis on remet les gaz et ça bondit. Si on n'a pas rétrogradé, le moteur ronfle comme un asthmatique et on se retrouve avec la puissance d'accélération d'une locomotive diesel, ce qui n'a rien de grisant. Mais bon, il y a des gens qui préfèrent bichonner le matériel, et c'est défendable. Ce sont les mêmes qui astiquent leurs pneus, qui lavent leur tondeuse et qui, le deuxième lundi du mois, retirent les éléments de la cuisinière électrique et changent la soucoupe d'aluminium qu'il y a dessous. Moi, dans les courbes, je rétrograde.

Je suis arrivé à destination vers les sept heures, complètement brûlé par cinq heures de route. Dans les derniers kilomètres, j'ai reconnu l'air salin qui embaume la côte. J'ai traversé Ogunquit par la route principale, lentement, humant avec un plaisir féroce l'océan si proche. Un bonheur fragile et sauvage s'insinuait en moi, à vrai dire pour la première fois depuis longtemps. Ce bonheur, j'en avais deviné la possibilité, j'avais entraperçu son ombre plusieurs fois, je l'avais traqué à l'odeur ; à présent, il se montrait enfin et il était beau comme un kamikaze.

J'ai garé la voiture sur le bord de la route et j'ai coupé le moteur. Un grand calme s'est fait tout autour de moi. De l'autre côté de la dune, les vagues s'abattaient mollement sur le sable. Par une des fenêtres de la maison, je pouvais voir Camille qui lisait. Sa nuque dorée, ses cheveux relevés en un chignon négligé. Ses épaules, qui goûteraient la mer, tout à l'heure. Je ne suis pas descendu tout de suite de voiture, tant l'air était doux, tant elle était belle, tant cette immobilité avait de la gueule. Je suis resté un long moment comme ça, les yeux dans le vague, la mer dans les oreilles. Une fille à bicyclette est passée sur le chemin, le cliquetis des pédales m'a presque réveillé, et je me suis enfin extirpé de mon siège. À la fenêtre, Camille a refermé son livre et s'est levée. J'ai enfilé mon sac à dos, pris ma guitare, puis je suis monté le long du sentier de gravier qui menait à la maison. Dans l'embrasure orangée de la porte, Camille est apparue, un drôle de sourire aux lèvres. Elle a collé son visage sur la porte-moustiquaire et m'a regardé faire les derniers pas sans dire un mot. Arrivé sur le seuil, j'ai posé mes affaires, et j'ai plaqué mon visage contre le fin grillage qui nous séparait. « Déshabille-toi », m'a-t-elle dit dans un souffle à peine audible. Je n'ai rien répondu, j'étais épuisé, sans volonté, ravi aussi d'être pris en charge, et j'ai fait ce qu'elle demandait. Camille m'a regardé longuement, sans détourner un seul instant les yeux. Quand j'ai été nu, sa longue robe a glissé sur le sol. De nouveau elle m'a regardé. Je frissonnais. Elle est sortie, m'a attrapé par la main et m'a entraîné en courant vers la mer.

Un pêcheur a fait semblant de ne pas nous voir, et c'était impensable car Camille était furieusement belle dans la nuit naissante, et moi, moi, je n'arrivais pas à décider si j'étais beau ou ridicule, et je m'en fichais pas mal, à vrai dire, j'étais peut-être grotesque, mais tout ce qui comptait, c'était cette nymphe que je poursuivais, le souffle court. L'eau était froide et, à trente pas du bord, elle m'arrivait à mi-cuisse, et elle était franchement glaciale. Je ne sentais plus mes orteils. Camille riait. Elle a piqué une tête. Dans l'eau noire, sous les crêtes d'écume, son long corps pâle a filé devant moi. Moi, j'aurais rebroussé chemin, mais le type qui m'avait conduit là à cent cinquante à l'heure, il a plongé.

Quand nous sommes sortis de l'eau, j'avais les lèvres bleues et un mal fou à articuler que j'étais en train de mourir. Camille s'est collée à moi et nous nous sommes enveloppés dans de grandes serviettes, à même le sable froid. Lentement, mon sang m'a semblé redevenir liquide et, comme si je la tenais pour responsable de ma récente cryogénisation, je l'ai prise avec une rage de naufragé. Camille a joui presque aussitôt, brutalement, malgré elle. Puis elle m'a repoussé avec violence, comme si elle m'en voulait tout à coup de lui avoir fait perdre le contrôle sur elle-même, ou de l'avoir baisée comme un sauvage, ou plutôt les deux, sûrement. Je me suis retrouvé sur le dos, du sable plein les yeux. Je n'ai rien dit. Mes paupières étaient en feu, et j'écoutais Camille qui reprenait son souffle, sifflant méchamment entre ses dents. C'était curieux, cette violence soudaine. Après une minute ou deux, elle s'est approchée de moi. Sa main a effleuré ma joue, et j'ai senti ses lèvres se poser sur mon ventre, puis glisser. Les yeux toujours clos, j'ai cherché son sexe du bout des doigts. C'était chaud et il y avait du sable. J'ai entrou-vert les yeux. La lune était dans son premier quartier. Le ciel était sans nuages, comme dans l'œil d'un cyclone.

7

Je suis demeuré une dizaine de jours dans le Maine, retrouvant avec Camille une part animale de moi-même. Le matin me réveillait d'une brise qui glissait sur mon dos, ou d'une caresse, je ne savais trop, et j'émergeais lentement, savourant toutes les nuances du demi-sommeil. J'avais les idées claires bien avant le premier café, et j'avais faim. Sitôt levé, je courais me lancer à la mer, un peu par bravade peut-être, histoire d'avertir le monde entier que j'étais debout et que je n'avais peur de rien. Et puis la journée avançait comme un festin, et je me servais des portions monstrueuses, bouffant comme un mal élevé, avec les doigts.

Camille semblait faite pour cette vie, pour l'extase tranquille. Parfois je surprenais un regard amusé ou perplexe dirigé vers moi, et je devinais les questions qu'elle se posait. Je n'avais pas les réponses, et à la rigueur je n'en voulais pas. Alors je haussais les épaules, et lui servais mon meilleur sourire, le plus idiot, le plus innocent. J'avais l'impression que ça lui convenait. Camille n'était pas dupe ; je savais qu'elle trouvait son compte quelque part dans tout ça. Où ? Je n'en avais aucune idée. Je lui souriais bêtement, elle reprenait sa lecture, et mes yeux s'attardaient un peu sur ses lèvres, sa nuque. Quand des mots affleuraient à la surface de mon esprit, quand l'envie de nommer me reprenait, je courais à perdre haleine vers l'océan, et je nageais loin, assez pour avoir peur.

Un après-midi, me sentant particulièrement téméraire, j'ai nagé très loin vers le large. Sans me l'avouer, j'avais décidé que cette fois j'allais pousser le jeu. À chaque brasse, je réprimais l'envie de regarder derrière pour voir le rivage, me réservant cette frousse délicieuse pour un peu plus tard, un peu plus loin. À chaque respiration, j'imaginais la rive qui s'éloignait dans mon dos, et la peur, comme un nœud coulant, se resserrait lentement sur ma gorge. Un goût de métal dans la bouche. Et je continuais vers le large, avec cette énergie de plus en plus féroce qui m'ordonnait de rebrousser chemin, mais que je détournais avec une étrange malice. Je me mentais, je me murmurais que j'étais en train de revenir vers la terre ferme, et graduellement, ce ne fut plus la noyade qui m'apeurait. C'était moi, c'était cette volonté, comme un gouffre qui s'ouvrait devant moi, sous moi, en moi. Sensation vertigineuse mais enivrante que d'être soudain aussi maître de mon existence. Car c'est cela que j'éprouvais, et c'était une liberté fulgurante, terrible. Lorsque ma main plongeait sous l'eau, chacune de mes poussées était un bras d'honneur au bon sens ; chaque mouvement vers l'avant me privait d'une parcelle de force pour le retour, et j'avais de cela une lucidité cristalline. Bientôt, mon souffle est devenu court et j'ai commencé à sentir mon corps qui m'abandonnait, mais j'ai continué un moment, car je me devinais des réserves cachées, et j'avais bien l'intention d'aller y puiser une certaine somme, histoire de rendre l'expérience vraiment intéressante.

J'avais les muscles en feu lorsque je capitulai enfin. Haletant et crachant, j'ai regardé ma montre. Il y avait bientôt vingt-cinq minutes que je nageais. Sans le vouloir, j'ai estimé qu'il m'en faudrait quarante, au bas mot, pour revenir à terre. Quarante minutes, et j'étais à moitié mort. Quarante minutes. Deux mille quatre cents secondes. Mille deux cents brasses, peut-être. Je me suis mis à rire doucement, les yeux plantés dans le ciel. Il s'était couvert, et un petit vent faisait friser les vagues sur la mer devenue grise. Elle m'a semblé tout à coup très inhospitalière, cette mer grise. La houle s'était levée, une bonne houle de deux mètres, et je ne pouvais fermer les yeux sans être pris d'une légère nausée. Je ne m'étais pas encore retourné pour voir la berge. À cette distance, en fait, je crois qu'on dit *voir la côte*. Perdu dans mes considérations topographiques, j'ai eu le malheur de m'interroger sur la profondeur de l'eau. Je me suis soudain senti minuscule, une toute petite chose, un bouchon de liège, lesté d'un ego suicidaire, un boulet de plomb.

Bien malgré moi, je me suis mis à faire un inventaire mental des bestioles qui pouvaient se trouver à l'aise dans plusieurs centaines de mètres d'eau, et les images qui me sont venues m'ont violemment déplu. Mais davantage encore, je n'arrivais pas à expulser de ma conscience une sorte de travelling sous-marin, une gracieuse contre-plongée, ayant pour objet mes jambes roses qui s'agitaient juste sous la surface; et je ne pouvais m'empêcher de songer que cette vision devait être une pure joie dans l'existence monotone d'un grand fauve marin, un baume, une gâterie, rien de moins qu'une ode à l'incommensurable tendresse du destin. Pas le mien, s'entend.

Un requin, j'en avais vu un, déjà, dans ma vie. Et pas à l'aquarium. J'avais douze ans et je plongeais à la recherche de coquillages dans les Bahamas. J'en avais trouvé un très beau par deux mètres de fond, une grosse conque parfaite, pas ébréchée du tout, dont l'ouverture avait ce joli rose, comme une chair nacrée. Je venais tout juste de le cueillir lorsque j'avais rencontré la mort. La mort avait de petits yeux noirs, deux billes. La mort était à quelques mètres, et elle fendait le turquoise comme une longue torpille souple, sa queue fine ondoyant paresseusement. Je n'avais pas lâché le filet contenant mes coquillages, je n'avais pas expiré un gramme d'air. J'étais figé, suspendu entre deux eaux, et la peur s'était installée en moi si brutalement qu'elle m'épargnait tous ses symptômes débiles. La panique était une pointe d'acier fichée dans mon sternum. Le sang battait régulièrement sous mes tempes, mais si fort. Je n'entendais que cela. La bête faisait trois fois ma longueur, six fois mon poids, peut-être. Ses flancs lisses étaient bruns, parsemés de taches plus sombres, comme sur les mains des vieux. Sa tête se terminait abruptement par un large museau. Une sale gueule. Entrouverte, des dents pêle-mêle, jaunies, écœurantes. À douze ans, j'étais un spécialiste des requins, j'avais tout lu sur eux; animé par une de ces fascinations morbides d'enfant, j'avais passé des heures plongé dans de grands bouquins pleins de photos, je savais ce qu'ils mangeaient, ce qui les agaçait, comment ils chassaient, et où chaque espèce avait l'habitude de dîner sur le globe. Je savais très bien ce que j'avais devant moi, je connaissais le nom latin de l'animal qui venait de décrire un large cercle autour de moi. C'était un requin-tigre. La plupart des requins sont de grands timides, pour ne pas dire des froussards. La plupart connaissent leur place dans la création et se contentent, comme il se doit, de bouffer sagement du poisson. Mais il y a des exceptions, une poignée de salopards qui n'ont que faire de la chaîne alimentaire classique. J'avais devant moi un de ces originaux, sans doute le second en lice derrière la superstar au ventre blanc. Au deuxième passage, le squale avait légèrement resserré son cercle autour de moi. Profitant d'un moment où il se trouvait à une bonne distance, j'étais monté prendre une bouffée d'air à la surface, puis j'avais aussitôt replongé, histoire de garder avec la mort un contact visuel. Je m'étais mis à pivoter lentement sur moi-même, me souvenant qu'il valait toujours mieux faire face à un requin, sans s'agiter, sans tenter de fuir. Il s'en tenait au manuel, l'animal, et le cercle se resserrait graduellement. Théoriquement, d'une seconde à l'autre, le fauve voudrait goûter, c'est-à-dire me frôler pour permettre aux milliers de capteurs qui recouvraient sa peau abrasive de déterminer si j'étais comestible. Et en effet, dans un spasme, le requin avait bifurqué soudainement vers moi. J'avais tenu mon sac de coquillages à bout de bras, et le squale était venu furtivement s'y frotter le flanc. Durant une seconde et quart, qui m'avait paru interminable, j'avais éprouvé dans mes mains et jusqu'au creux de mon estomac l'horrible friction. Le tigre avait décrit un autre cercle, puis en deux coups de queue, dont j'avais ressenti diffusément les remous, il avait disparu dans le bleu sombre du large, au-delà de la barrière de corail qui s'élevait non loin de là. Hébété, j'avais regagné la rive, et durant la dernière semaine du séjour, je n'avais plus mis un orteil à l'eau. Mais je n'avais soufflé mot de l'incident à personne, par une superstition enfantine sans doute, avec la confuse intuition que d'en parler eût été insolent de ma part. Quand le destin vous fait un cadeau, quand il vous glisse un as en douce, la dernière chose à faire est d'aller le crier sur les toits. On dit merci des yeux et on ferme sa gueule.

Ballotté par la houle grise, quelque peu engourdi par le froid, je me rappelais le requin, et ce souvenir me calmait, je n'aurais su dire pourquoi. Il est vrai que mes chances de rencontrer une seconde fois dans mon existence une bête pareille étaient ridicules. Tout ce que j'avais à faire, c'était nager. Ne pas penser à la distance, aux courants, au froid. Nager. J'étais de ces enfants qu'on avait cru bon de balancer à l'eau dès leur arrivée en ce monde, dans l'espoir qu'ils se prendraient *illico* pour des dauphins. C'était une de ces modes *new age* de l'époque, et le principe n'était pas complètement absurde, mais si la méthode semblait former des nageurs hors pair, elle produisait aussi son lot d'enfants insécures et caractériels. Passablement irascible, j'étais en effet un nageur exceptionnel. Je pouvais passer des heures à nager sur place et je tenais deux minutes en apnée, à l'aise. Alors si quelqu'un pouvait nager quarante minutes dans une mer à douze degrés Celsius, c'était moi. Armé de cette dérisoire assurance, je me suis remis à nager.

Maintenant que le temps s'était gâté, il ne restait de la côte qu'une lisière sombre et brumeuse. Il s'est mis à pleuvoir, et par contraste la mer me parut plus chaude. C'était bien sûr une illusion, mais réconfortante. Enfin presque. Le vent était tombé et la houle faisait penser à des dunes liquides et mouvantes, à une étendue de gros dos ronds et lisses, ondoyant à perte de vue. J'ai accordé mon rythme à cette houle, comme à la respiration lente d'un animal gigantesque. Je réservais mes brasses les plus puissantes pour la montée, lorsque la vague me soulevait. Puis dans la descente et jusqu'au creux de la vague, je poursuivais le mouvement, mais sans ampleur, sans force. La brume s'épaississait encore, et la pluie nappait l'océan d'une sorte de duvet en suspension. Je ne voyais plus la rive, et c'était apaisant, car plus rien ne me distrayait. Je n'avais plus peur. J'étais une machine, une chose. Les choses ne connaissent pas la peur, elles sont ce qu'elles font. Je ne réfléchissais plus. Des images allaient et venaient dans mon esprit, je ne les chassais pas. Calme comme un archer zen. Ma seule pensée allait à la pureté du mouvement, à l'harmonie. Je pouvais crever, ici et maintenant, ça ne me faisait pas un pli. Je donnais tout ce que j'avais. Si ça ne suffisait pas, eh bien! tant pis, ce n'était pas en m'agitant que j'allais y changer quelque chose. Après un moment, les images se sont évanouies et mon esprit est devenu un trou noir, ma conscience lisse comme une eau qui dort.

Je ne sais combien de temps cela a duré. Je nageais, sans regarder devant. C'est le changement graduel dans l'amplitude de la houle qui m'a tiré doucement de cette transe. Lorsque j'ai ouvert les yeux, mes pieds étaient posés sur le sable doux. L'eau m'arrivait un peu au-dessus de la taille. Alors j'ai marché, un peu ahuri, jusqu'à la plage. J'avais dû dériver passablement, car je ne reconnaissais aucune des maisons alignées au sommet de la dune. Alors j'ai marché encore, vers la gauche, à tout hasard. Puis j'ai entendu mon nom à travers la brume. J'ai suivi la voix. C'était Camille qui criait en direction du large. Elle m'a vu, et elle a couru vers moi.

— Ah… t'es vraiment con, a-t-elle soupiré. J'étais sûre que tu t'étais noyé! Ça t'arrive souvent de faire des conneries pareilles?

Elle m'a regardé de haut en bas.

— Tu t'es pas vu… t'as les lèvres bleues! Hypothermie, ça te dit quelque chose?

— Quoi, je me suis baigné un peu… Je me promenais sur la plage, c'est tout. Les coquillages… je cherchais des coquillages.

Elle a regardé mes mains vides, sceptique. Je tremblais comme une feuille.

— … pas trouvé, ai-je dit.

Quand le destin vous refile un carré d'as, il n'y a pas de quoi ameuter tout le monde.

— Ben oui, c'est ça… Tu me prends pour une conne, ou quoi? T'aurais pu crever, l'eau est glaciale!

— D'où l'intérêt… ai-je murmuré.

— Quoi?

— Rien.

8

On a bouffé en ville, ce soir-là. C'était un vendredi et les rues grouillaient de touristes obèses et fortunés. J'étais mince et pauvre, mais Camille marchait à mon bras, elle me glissait des trucs doux à l'oreille en riant comme une gamine. L'air était chaud et humide, si humide que les trottoirs luisaient encore par endroits après la pluie de l'après-midi. Le crépuscule avait été admirable, des trous de ciel mauve s'étaient ouverts ici et là, le rouge, le rose et l'orangé avaient embrasé tout le reste, jusqu'au tissu de l'air, et ç'avait été beau comme une apocalypse. Avec une bière dans la longue véranda, en sueur dans un hamac, c'était beau, l'apocalypse. Puis j'avais enfilé un jean, des sandales et une grande chemise blanche, et on était partis en ville. J'avais envie de homard.

Nous nous sommes arrêtés dans une espèce de pub où Camille connaissait des gens. Elle venait dans cette ville tous les étés depuis une dizaine d'années, et partout on lui souriait, des garçons dans des voitures lui envoyaient la main, des filles lui lançaient des regards obliques. Camille planait un peu au-dessus de cela, alors j'essayais d'en faire autant quand un courtisan d'antan me toisait, un vague dédain sur la lèvre. Nous nous sommes assis au bar et j'ai commandé deux bières. Un gars s'est approché de Camille par-derrière et l'a embrassée dans le cou. J'ai haussé les sourcils. Camille s'est retournée et l'a sermonné gentiment. C'était Scott ou Bob, je n'ai pas fait attention, bref un type avec qui elle avait eu une histoire. Je lui ai souri et lui ai tendu la main. Il s'est contenté de me servir un petit hochement de tête, avec un sourire *on the rocks.* J'avais quelques bières dans le corps, alors j'ai ricané en retirant ma main bredouille. Rien de méchant, juste un petit rire étouffé, comme celui qu'on fait entendre à un enfant qui vous boude. À peine méprisant, davantage amusé. Ça ne lui a pas plu à Bob, ou à Scott, et il s'est raidi, a serré les mâchoires un peu, assez pour qu'on voie le petit muscle qui fait l'angle, près de l'oreille, palpiter un instant. Ça m'a fait marrer encore. J'étais en forme, et je n'avais pas envie de prendre des pincettes avec un crétin, peu importe son taux de testostérone.

— *Something funny?* qu'il me demande, l'air de Charles Bronson.

— Ouais, il y a *something* de plutôt *funny,* mais j'ai l'impression qu'on n'a pas le même sens de l'humour, mon pote… que je lui envoie avec un sourire très bilingue.

Camille réprime un gloussement. Je suis content. Il fait comme si l'échange n'avait pas eu lieu, il continue à lui dire des choses dont elle semble se ficher pas mal. Il commande à boire et, profitant de ce répit, Camille me fait signe qu'on pourrait y aller. J'écluse ma bière, j'attrape Camille par la main et je dis à Machin que ça m'a fait plaisir, pauvre con. Puis on sort, sous l'œil mauvais de Scob, ou Bott, je ne le sais toujours pas.

On a marché encore un peu dans la nuit naissante, puis on s'est arrêtés dans un autre bistro, sorte de repaire de fauchés sympathiques, nettement plus agréable, le *Chaos Theory*. Camille connaissait encore tout le monde, ça devenait cocasse. On a bu une autre bière avec une bande d'allumés qui discutaient musique et substances hallucinogènes. Ça faisait un chouette contraste, après l'autre crétin et sa tête de nazi. Je commençais à être plutôt éméché, et avant d'être pris de cette torpeur qui se situe à mi-chemin entre la gaieté éthylique et la cuite olympique, j'ai pressé Camille de m'indiquer le plus court chemin entre moi et un homard. Ça lui convenait. Quelques poignées de mains plus tard, nous descendions vers la mer, où s'alignaient la plupart des restaurants convenables, c'est-à-dire ceux qui ont le flair de ne pas noyer dans la panure tout ce qui sort de l'eau. L'air s'était rafraîchi un peu et les petites rues coquettes embaumaient d'odeurs sucrées.

On a choisi un restaurant au hasard, le plus joli en fait, logé au rez-de-chaussée d'une vieille maison en bois, typique de la Nouvelle-Angleterre côtière, avec de belles corniches jaunes. J'ai insisté pour avoir une petite table au fond, avec la fenêtre qui donnait sur l'océan. Une brise soufflait à travers la moustiquaire et faisait frémir la flamme des chandelles. Outre une bouteille de muscadet, j'ai commandé un repas de goinfre, composé de deux homards, un crabe et suffisamment de pétoncles pour que mon assiette puisse être qualifiée de génocide marin. Devant mon gabarit plutôt longiligne, le serveur a haussé les sourcils, dubitatif. J'ai rectifié *illico* mes désirs, et j'ai prié le type d'ajouter un troisième homard. Ça l'a soufflé, visiblement, mais il n'a rien dit. Camille a hoché la tête en rigolant.

— Tu vas être malade, m'a-t-elle dit, un reproche dans la voix, lorsque le serveur a quitté la table.

— M'en fous. Il n'avait qu'à ne pas me provoquer. T'as vu comment il m'a regardé? Et puis je suis en forme, j'ai faim…

— Mais qu'est-ce que ça t'apporte d'impressionner le serveur?

— Ça n'a rien à voir, ai-je menti.

— Alors quoi? C'est moi que tu veux impressionner? Je te signale que je t'ai déjà vu bouffer, t'as rien à prouver… Et puis c'est pas comme si c'était un exploit que de se rendre malade…

— Rien à voir, ai-je dit sèchement.

Elle a joué un moment avec sa fourchette en souriant. Le vin est arrivé.

— C'est vrai que t'en as nagé un bon coup cet après-midi. Ça doit ouvrir l'appétit…

Elle me prenait de court.

— T'as eu peur? a-t-elle continué.

J'ai mis un temps à répondre.

— Bof… un peu.

— Menteur. Je suis certaine que t'as eu la peur de ta vie. Je t'ai vu faire, t'es allé loin. Et puis même, c'était avant qu'il se mette à pleuvoir. T'es cinglé si t'as pas eu peur. Et je sais que t'es pas cinglé. Tu joues au cinglé, peut-être, je sais pas…

49

Elle m'emmerdait. Elle avait raison. Mais je refusais qu'on me brise mes élans, mes illusions comme ça, comme on catalogue une névrose. J'en avais besoin, c'était mon oxygène. Je suis resté muet.

— Alors pourquoi tu fais ça? a-t-elle insisté.

— Pour voir, pour essayer, je sais pas trop. J'essaie d'éviter ce genre de question, ces temps-ci.

— Pourquoi?

— Parce que je suis vide.

— Alors tu veux remplir ça avec n'importe quoi? Te noyer, te tuer sur la route, ça va aider beaucoup, tu crois? Et moi je suis quoi dans tout ça, dans ce... ce... *grand banquet des sens*? Le quatrième homard, c'est ça?

— C'est joli, ça... le banquet des sens.

— Et t'appellerais ça comment, toi?

— Non, non... c'est ça, c'est très bien.

— Réponds. *Je suis qui?*

Ça prenait une drôle de tournure, cette conversation. Je me suis éclairci la voix, j'ai pris un ton emphatique.

— *Tu vins au cœur du désarroi, pour chasser les mauvaises fièvres. Et j'ai flambé comme un genièvre, à la Noël entre tes doigts. Je suis né vraiment de ta lèvre...*

— Gnangnan. Ben oui, tu me réponds avec du Aragon. Bravo, c'est *cute*. Tu te défiles.

Elle avait souri, quand même.

— Mais je sais pas, Camille... Pourquoi tu veux des réponses? On n'est pas bien, là? Tu veux quoi, au juste? Qu'on se soit rencontrés avant, ou après, quand je serais retombé sur mes pieds?... Tu voudrais que j'aie dix-neuf ans comme toi, tout frais, tout neuf? Ben non... j'en ai vingt-sept, je suis un peu *scrap... So what?*

J'ai respiré un bon coup.

— Et puis, oui, peut-être, j'ai un peu envie de crever. Mais ça n'a rien à voir avec toi, avec… avec la place que t'occupes… Oui, quand je croise un autobus, je me demande presque sérieusement pourquoi j'envoie pas un coup de volant à gauche. Et je me demande ce que c'est que de passer à travers un pare-brise, je me demande de quoi on est conscient à ce moment-là, je me demande si ça fait mal ou si ça surprend, simplement…

— O.K., le martyr, c'est beau. Arrête.

— Et je me demande ce qu'on peut ressentir quand nos poumons s'emplissent d'eau, et aussi combien de temps on reste conscient. Je suis curieux… Est-ce qu'on voit la surface qui s'éloigne, ou alors est-ce qu'on voit déjà tout noir ? Et est-ce qu'on panique jusqu'au bout, ou alors est-ce qu'on se calme tout à coup, et tout devient paisible, douillet, et on finit par trouver que tout est parfait, que finalement, c'était vraiment une super-idée, cette baignade ?…

Camille ne m'écoutait plus, et moi je devenais incapable de supporter tous ces mots qui résonnaient entre nous ; des mots qui, libérés des brumes que j'avais sous le crâne, devenaient tout à coup très nets et coupaient l'air comme un scalpel.

— Bon, faut pas me prendre au sérieux, Camille. C'est du délire tout ça, je sais pas… de l'extrapolation. De la littérature. On est bien, il fait doux, t'es belle. Le muscadet est frais. Tout n'est pas perdu, allez… Santé…

On a trinqué. Le vin était lumineux, il glissait en rigolant dans ma gorge.

Puis les homards sont arrivés et je me suis mis à dévorer comme si je tombais en hibernation le lendemain. Par principe, j'ai même mangé les petites pattes qui sont si chiantes à décortiquer. Le serveur nous a offert le café et, narquois, m'a proposé du dessert. Vu l'état semi-comateux où je sombrais, j'ai cru bon de décliner cette offre perfide. Le café était fort, il m'a fouetté un peu.

Je me suis allumé une cigarette, et j'ai dit à Camille que, pour ce que ça valait, je l'aimais. Pendant un instant, elle m'a cru, je pense. Je disais ça comme ça, ça n'avait rien de sacré. La nuit était belle, Camille avait des yeux verts, elle portait des bijoux de vacances, en bois, en coquillages, et un joli hâle sur les joues. J'aimais Camille ; j'aimais les mangues, le vent et le flamenco. J'aimais sentir du sable sous mes pieds, poser ma joue contre un ventre de femme, siffler du Bach, ou me tenir immobile sous une averse d'été. Et Camille, aussi.

On est rentrés par la plage, sans se presser. Ça nous a fait une bonne marche.

J'ai pensé à Marlène, sans faire exprès. J'ai pensé au Portugal, aux soirées sur la plage, au petit vin jeune et pétillant que l'on buvait comme de la limonade. Il y avait un siècle de cela. Lisbonne et les airs de fado qui montaient des rues de l'Alfama, jusqu'aux fenêtres de notre mansarde sur les toits. Cinq heures de l'après-midi, le vent qui s'engouffrait entre les collines de la ville blanche. L'apéro sur l'immense terrasse du Castello São Jorge, qui domine le port et la ville entière. La mer de paille au soleil couchant. Il y avait mille ans de cela. Marlène dévorant un sandwich au jambon, juchée sur les remparts de pierre blonde lézardés par le séisme de 1755. Marlène rattachant ses cheveux, fuyant l'objectif de mon appareil photo. Les nuits humides, tintantes et multicolores du Bairro Alto. Marlène qui n'avait peur de rien, qui avait foutu une baffe à un pickpocket un peu gauche. Son panache, à Marlène, sa maladresse. Il y avait une éternité de cela. Mais le souvenir était tenace comme la braise. J'ai serré la main de Camille.

9

À quelques pas de chez elle, un feu de camp embrasait la plage. Des gens jouaient de la guitare, d'autres au football, à la seule lueur du feu. On ne voyait que des silhouettes fuyantes, découpées par les flammes, et c'était beau; une sorte de ballet désordonné, farouche. On s'est approchés et j'ai reconnu quelques personnes rencontrées plus tôt dans la soirée, la plupart à notre deuxième arrêt, au *Chaos Theory*. Il y avait Chet, qui jouait au football, Chet, le barman qui avait abandonné ses études de doctorat en mathématiques pour vendre de la dope et déclamer sa poésie nébuleuse. Du haut de ses trente-quatre ans et de ses six pieds trois, c'était le doyen de la bande. Il y avait Mila, belle et frêle, qui passait l'été à vendre des pétoncles frits au bord de la route 11, et qui retournait à Harvard dans trois jours avec un enthousiasme plus que tiède, au grand dam de ses parents avocats. Jason, mécanicien en ville, était là aussi, accompagné de son petit frère Jamie. Les jumelles Louise et Caroline, sur lesquelles couraient de sulfureux ragots. Il y avait aussi Matthew, un drôle de type, sorte d'intello débonnaire qui terminait avec un froid pragmatisme sa spécialisation de médecine, la gynéco. Puis il y avait l'ineffable Scott — Scott, et non pas Bob, tout compte fait —, qui, je l'avais appris avec délice, venait de se faire saquer, *par son père,* du poste d'apprenti boucher qu'il occupait dans l'épicerie familiale. En tout, ils étaient une vingtaine, et j'eus une bière dans la main avant de décider si j'en voulais une. C'était Carl qui offrait, un surfeur californien qui passait son temps à parler des pipelines d'Hawaï. Assis sur le sable, je l'ai écouté un instant se lamenter sur l'anémie des vagues de la côte est. Inévitablement, il a fini par me parler du surf au Portugal, des jolis rouleaux qui portent sur des dizaines de mètres, près de Peniche, ou du ressac dangereux des plages de Nazaré. Je connaissais un peu et, n'ayant aucune envie de me souvenir, j'ai décidé de me joindre à la partie de football qui battait son plein dans la nuit claire.

On m'a dépêché receveur. Au premier essai, je me suis démarqué de justesse et Chet m'a envoyé une passe un peu longue, que je n'ai saisie qu'au prix d'un plongeon dangereux et cruellement inesthétique. J'ai eu le souffle coupé net. Me relevant, j'ai constaté que nous avions néanmoins progressé de façon appréciable vers la zone des buts. Scott, qui avait pour tâche de me couvrir, n'avait pas l'air content de lui. Pour le deuxième essai, Chet a planifié un jeu plus subtil, fait de chassés-croisés, de feintes et de passes arrière, stratégies dont je ne saisissais que l'essentiel. En vertu de mon attrapé spectaculaire, on m'a désigné comme porteur du ballon pour le sprint final. Ça m'allait. Le jeu a repris, tout s'est déroulé comme prévu et on a berné tout le monde, y compris Scott, qui s'est affalé lamentablement en essayant d'intercepter ma course. Je n'aurais pas dû, mais je jubilais. Je me suis même permis d'adresser un sourire mauvais à Scott, qui rageait en silence. Il y a eu le botté, et on a limité l'autre équipe à une progression de dix verges, au plus. Au cours de l'essai qui a suivi, j'ai vu une ouverture pour neutraliser le quart-arrière, qui cherchait des yeux un receveur. Je me suis élancé, mais comme j'allais le rejoindre, j'ai senti une épaule s'enfoncer avec violence dans mes côtes. Le choc m'a soulevé de terre, j'ai effectué une double vrille arrière et suis venu choir, tête première, sur le sable. Complètement sonné, je suis resté immobile en faisant un inventaire mental des blessures que j'avais pu subir. Je n'avais rien vu venir, mais je savais bien que c'était Scott qui m'avait percuté de la sorte. Je percevais diffusément une certaine agitation autour de moi, ça s'engueulait. J'entendais Chet, surtout, qui traitait Scott de pathétique arriéré. Je l'aimais beaucoup, Chet, il avait de la gueule. On s'était tout de suite compris, lui et moi, peut-être question de métier. Il parlait français, ce qui me l'avait rendu d'autant plus sympathique. J'ai fait une tentative pour me relever. Ça tournait méchamment, alors je me suis juste assis sur le sable, l'air un peu perdu. J'ai tâté ma poche pour trouver une cigarette, mais le paquet en avait été éjecté. J'ai cherché autour de moi. Scott avait un pied dessus, et il continuait de subir avec un visage de marbre les attaques de Chet. Manifestement, j'étais plus un prétexte qu'autre chose, et il devenait évident que Chet n'avait jamais pu supporter l'autre. Lui aussi avait été avec

Camille, mais contrairement à Scott qui me voyait comme un rival, Chet, lui, me traitait en complice. J'ai allongé le bras pour saisir mes cigarettes. D'un coup de pied, Scott les a fait voler à quelques mètres. Là, ça y était, il venait de m'énerver. Jusque-là, ça allait, c'était de bonne guerre. Mais le coup de pied dans mon paquet, c'était la goutte, le petit geste méprisant que je n'avalais pas.

Je ne dis rien, je me lève et ramasse mon paquet tout cabossé. J'en sors une cigarette à peu près fumable et l'allume, puis je tire une longue bouffée. Je reviens vers Scott et m'interpose sans rien dire entre lui et Chet. Scott me regarde, il pense que j'ai quelque chose à lui dire. C'est drôle, les gens pensent toujours que j'ai quelque chose *à dire*, nécessairement. Allez savoir pourquoi. Il ne me craint pas le moins du monde, Scott. Il est curieux, il sourit un peu, il attend de voir ce que je vais *dire*. Il s'imagine que son plaquage vicieux m'inspire le respect, ou un truc du genre. Alors sans le moindre avertissement, de toutes mes forces et avec une élégance technique sans faille, je lui envoie mon coude dans la gueule. Le mouvement est ample, circulaire, du grand art. Ça fait un bruit singulier, un son cartilagineux, comme quand on arrache une cuisse de poulet. Le nez lui éclate, ça se met à gicler gaiement, il fait deux pas à reculons, un de côté, porte les mains à son visage et il s'effondre comme un menhir. J'ai un mal de tête pas croyable. Tout le monde me regarde comme si je débarquais de Jupiter, ou quelque chose. Puis Chet éclate d'un grand rire. « *Bring the man a beer!* » tonne-t-il. Carl se précipite, il me plante une bouteille dans la main et se met à me raconter une scène où Bruce Willis fait le même coup à un terroriste, il n'en revient tout simplement pas, où est-ce que t'as appris à faire ça, merde ? et il faut absolument que je lui montre comment on fait parce que c'est *far out*, c'est *too much* et que, en même temps, c'est superpacifique, superzen, qu'il me dit, parce qu'il n'y a aucune escalade, ça règle l'histoire tout de suite, paf, *that's it man : end of story !* Je suis bien content d'avoir réglé l'histoire tout de suite, d'ailleurs. En ce qui me concerne, je trouve l'attaque vicieuse et déloyale, mais je n'ai jamais ressenti l'obligation morale d'être un gentleman quand je veux casser le nez d'un gars. Enrober la barbarie, la rage et le goût du sang d'un code d'honneur, il y a quelque chose de malsain là-dedans. S'entretuer avec dignité, quelle connerie, tout de même ! Faut être un peu névrosé pour y croire, ou British. Je vais m'asseoir au bord du feu, pendant que Matthew, en sa qualité de médecin, examine froidement Scott-le-défiguré. Celui-ci s'égosille, il brame qu'il va me tuer et même me poursuivre en justice, comme si c'était pire. Je trouve qu'il a un drôle de sens des valeurs. Il s'imagine que je viens de détruire ses chances d'être le prochain Brad Pitt ou quelque chose du genre. Avec mon nez cassé trois fois, il ne risque pas de m'attendrir. Ce sont des choses qui arrivent, mon vieux. Finalement, Jason embarque Scott dans sa camionnette et nous soulage de sa présence. Le mal de tête s'est allégé, mais je me rends compte que ce con de Scott m'a abîmé quelques côtes, ce que me confirme *the doctor*. À la limite, ça justifie un peu mon geste, ça lui enlève son côté gratuit. J'en serai quitte pour deux semaines à mal dormir. Camille me regarde d'un drôle d'air. Ce n'est pas vraiment qu'elle désapprouve, non ; c'est seulement qu'elle vient de voir mon côté givré, elle a vu sauter mes fusibles, et elle se demande ce qu'elle en pense. Il y a des gens dont on s'attend à des gestes semblables, mais pour une raison que je comprends mal, personne ne s'attend à cela de ma part. Je ne sais pas à quoi cela peut tenir.

J'ai fini par ne plus penser à ça. Je suis allé chercher ma guitare et on a joué et chanté le reste de la nuit. Mon flamenco de pacotille, que je n'ose jouer que lorsque je suis sérieusement déjanté, a connu un certain succès. Je buvais de la bière comme si c'était de l'eau, mais une part de moi résistait à l'ivresse. Une parcelle de ma conscience refusait de lâcher du lest. De larguer Marlène. Et puis l'horizon s'est mis à rosir, et avant de se prendre le soleil en pleine gueule, on a tous été se coucher. Je me suis effondré, et je ronflais avant de toucher l'oreiller.

10

Je suis dans le désert, je marche et j'ai du sable dans la bouche. La sensation est intolérable, je voudrais cracher mais je n'ai pas une goutte de salive. Ma langue est desséchée, inerte. Incapable d'avaler non plus, ma gorge est un étau figé, les parois en sont soudées. Un sablier. Le soleil me brûle, il traverse mes paupières et m'enfonce son acier blanchi jusqu'à la rétine. Mille dards de plomb fondu me transpercent. Mille couguars incendiés dansent sur mes paupières. Les dunes ondulent mollement, l'horizon frémit, l'air est presque palpable tant il est chaud; une pâte brûlante, une lave translucide. Je fais semblant de ne pas voir le lent mouvement de la houle. Si je montre que j'ai peur, si j'accepte l'idée que les dunes bougent, le sable va m'avaler, je vais m'enfoncer dans ses entrailles, et je serai suffoqué, noyé, incinéré. Je regarde par terre, je pose un pied devant l'autre, j'essaie de vider mon esprit, car tout en moi crie que *les dunes bougent* et j'ai peur que dans ce silence, qui s'étend à perte d'ouïe, peut-être jusqu'aux confins de tout, mes pensées soient audibles. Je voudrais chantonner quelque chose, étouffer le bruit de mes pensées, mais ma voix est morte, elle n'est plus qu'un filet d'air granuleux, un râle qui se meurt sur mes lèvres. Si au moins je peux gravir encore une dune, si je peux monter jusqu'à la prochaine crête, j'ai une chance. Quelque chose m'attend là, un secret, une femme, un pouvoir, je ne sais trop. Les trois, peut-être. Je ne pourrai pas me reposer, et il me faudra poursuivre la marche, et aucune eau n'étanchera ma soif. Mais quand je pourrai embrasser l'horizon du regard, là-haut, peut-être un vent soufflera-t-il sur ma peau brûlée. Et rien ne pourra m'avaler, je crois, le sol sera ferme. Peut-être. Ne pas crier cet espoir, laisser le désert croire que je lui appartiens, que je ne peux lui échapper. Alors je ne regarde pas la crête, je marche comme en errance, humble, résigné, l'âme vide. L'air fraîchit, lentement, mais je muselle ma joie, je retiens chaque pas. Si je cours, je suis perdu. Je vais retomber au creux des dunes, y mourir, ou peut-être y vivre à jamais, du sable dans la bouche. Mais soudain l'odeur du café, le désert s'évapore, la voix de Camille, et je ne saurai pas ce qui m'attendait en haut de la dune. Pas tout de suite.

J'ouvre un œil, et la tendre pénombre de la chambre me calcine la rétine comme un flash de magnésium. Ça, c'est de la gueule de bois, de la belle, de la rare, une gueule de bois en acajou. Mon cerveau est une éponge racornie qui percute dans une belle cadence les parois de mon crâne. Je lève la tête, elle est lourde comme si je portais un casque de moto. On dirait que j'ai bouffé un kilo de plâtre durant la nuit, et j'aimerais bien que l'on m'explique pourquoi j'ai l'impression d'être sur un cargo grec par gros temps. Tangage, lacet et roulis, l'illusion est assez parfaite. Camille me tend un carton de jus d'orange et je le saisis comme s'il s'agissait du Saint-Graal. Je l'écluse comme un veau. Encore. Spirine-s'il-te-plaît-aussi-oui-merci-merci-ô-merci. Camille me donne la bouteille d'Évian. Je lui adresse une grimace reconnaissante et je retombe dans mon oreiller pour une quinzaine de minutes, le temps que les secours fluides s'acheminent dans le Sahel de mon métabolisme.

Après le sauvetage, qui est la première phase de l'opération, il y a la phase deux : la réanimation. Un déjeuner de titan, composé de trois œufs, du bacon, du pain, du beurre d'arachide et deux grands verres de jus de tomate, pour les vitamines. Camille me regarde de travers, elle comprend mal ma méthode. Mais elle a dix-neuf ans et une vision approximative de ce que peut être une gueule de bois. Je me fais violence pour avaler tout ça, mon foie crie au meurtre, mais je persiste. Il faut bien que je me reconstitue une personnalité. Ce n'est pas de bon cœur ; si ce n'était que de moi, je m'enverrais encore trois heures de coma, un litre de café et des cigarettes. Mais il faut ce qu'il faut, *es muss sein*, comme disait Beethoven. Et la magie des protéines opère, tranquillement. Les murs arrêtent de gondoler, mon équilibre revient, mes mains cessent de trembler, la coordination musculaire se rétablit. J'arrose le tout de caféine, de nicotine et je suis comme neuf.

J'ai lu un moment, puis je suis allé nager. Mes côtes me faisaient souffrir un peu. La mer était calme, et je me suis laissé flotter un bon moment. J'ai pensé au rêve de la nuit, à ce qui m'attendait au sommet de la dune. Ça m'emmerdait de ne pas savoir. Un secret, une femme, un pouvoir, c'était une certitude. Les trois, ou plutôt quelque chose qui serait les trois à la fois.

J'ai songé à la veille aussi. Dégrisé, je regrettais mon geste. En vérité, je le regrettais déjà la veille. J'avais beau me dire que c'était un acte impulsif, il avait eu tout le temps de mûrir, dans la fraction de seconde qui l'avait précédé. Quand je m'étais planté en face de Scott, j'avais presque espéré qu'il ne sourirait pas, qu'il me mettrait une main sur l'épaule en s'excusant. J'aurais été incapable de le cogner. Au fond, c'était un peu lui le gagnant; il m'avait traîné dans son jeu, et le fait qu'il en soit sorti le plus abîmé des deux était secondaire. En fait, je ne regrettais pas sincèrement, je trouvais ça simplement idiot, je m'en voulais un peu de sourire comme un niais au souvenir du bruit, du choc, du sentiment de puissance qui m'avait traversé comme une décharge électrique au moment où l'autre s'était effondré. Je n'avais pas envie de savoir que j'avais ça en moi, cette veine méchante, ce petit noyau, comme un kyste de la personnalité. Et en même temps, c'était *quelque chose*. Être capable de *rage*, d'une rage froide, c'était un pouvoir. Un joli pouvoir, qui brillait d'un éclat sombre, comme un revolver noir au fond d'un tiroir. J'ai arrêté de penser. Je me suis laissé flotter.

11

À une heure de la frontière, je me suis fait arrêter par les flics. Je faisais cent vingt-neuf dans une zone de soixante-dix. J'ai été chanceux qu'ils m'attrapent avec le radar pendant une montée, parce que depuis Ogunquit j'avais le pied au plancher. Deux minutes plus tôt, ils m'auraient pincé à cent cinquante, et au-delà d'un certain écart entre la limite et le chiffre qui apparaît sur le radar, c'est la nuit en taule direct : c'était écrit en petits caractères au dos de la contravention. Cent cinquante-six dollars. Avant de me donner congé, le flic m'a dit que la limite était de soixante-dix en raison des orignaux qui traversaient fréquemment la route dans cette région. J'ai trouvé ça complètement loufoque, alors j'ai ri. Il m'a regardé d'un air sévère et m'a dit que, bon an mal an, on comptait sur cette route une dizaine de collisions mortelles impliquant des orignaux. Il prenait ça tout à fait au sérieux, et j'ai eu envie de lui dire qu'il y avait un meurtre toutes les huit minutes dans son pays, qu'il y avait matière à reconsidérer un peu l'ordre de ses priorités, mon vieux, et que s'il existait une expression absolument pure et parfaite de la fatalité, de notre tragique impuissance à maîtriser le cours de nos existences risibles, de ce contre quoi l'on ne peut strictement rien, c'était bien d'attraper un orignal dans la gueule. Mais je ne l'ai pas dit. J'ai fait le gars qui prend soudain conscience de son inconséquence, qui regrette, qui se flagelle intérieurement et remercie *God* d'avoir mis sur sa route un de ses apôtres, fût-il en uniforme de polyester. Ça lui a plu à pleine vapeur, mais il n'a pas réduit l'addition d'un malheureux dollar, comme ça peut arriver chez nous. Cent cinquante-six dollars, tel était mon chemin de croix, le prix de ma rédemption, et à voir l'air qu'il a pris en me remettant ma contravention — *tu me remercieras un jour, fils* —, il fallait sans doute que je m'estime heureux. Comme quoi la confession, c'est un truc de catholique, une astuce *latine*; c'était très bien que je comprenne ma faute, mais ça ne valait pas un clou. J'ai marmonné un « Alléluia » et j'ai remis les gaz. Il me foutait un peu la chair de poule, ce poulet, avec ses verres fumés en pleine nuit, ce regard miroir, opaque. Je cherchais son regard et ne rencontrais que le mien. L'impression d'être dans un film de David Lynch, d'être une sorte de pantin récalcitrant; de mener une existence *cryptée*. L'air de rien, ce flic venait de mettre un point final à mon allégresse, à l'ivresse des derniers jours. Finis le grand banquet des sens, les bagarres, les excès de vitesse et les orignaux dans la gueule. En roulant j'étais un peu triste. Camille me disait qu'elle paierait la moitié de l'amende, qu'il n'y avait pas de quoi faire une tête pareille, mais elle ne comprenait pas. Je n'allais pas payer l'amende, c'était clair, du moins pas avant d'avoir sous les yeux l'ordre d'extradition. Non, c'était autre chose, c'était plus diffus, plus grave. C'étaient les années qui de nouveau pesaient sur mes épaules, ou quelque chose comme ça. Les années passées, ou celles à venir, ce n'était pas clair.

J'ai déposé Camille chez elle, il devait être une heure du matin. Elle ne m'a pas invité à monter. J'aurais refusé et elle le savait, et sans doute mieux que moi. Il n'y avait pas d'explication à fournir. J'en aurais été bien incapable d'ailleurs. Que Camille ait eu envie de dormir avec moi, de parler, de baiser, était secondaire ; elle ne forçait rien. D'où sa sérénité, et la légèreté d'être avec elle. En descendant de voiture, elle m'a embrassé sur la joue.

— À bientôt… Prends soin de toi.

C'était banal, mais dans sa bouche, c'était vrai. Et je ne sentais pas le moindre reproche dans sa voix. Ça voulait dire : *fais ce qui te rend heureux, ne te brûle pas.* C'était la seule chose que je pouvais entendre à ce stade, et Camille le disait. Elle aurait pu me demander des comptes, m'étouffer d'une tendresse vénéneuse, elle en avait le pouvoir. Elle m'aurait eu à elle, un temps. Mais elle descendait de voiture, et elle me disait de *prendre soin de moi.*

— Tu sais, Alex, je t'ai jamais vraiment cru.

Elle a dit ça avec un sourire un peu navré, en braquant ses yeux verts loin en moi.

— Rappelle-moi…

J'aurais préféré une gifle.

12

Je suis allé au bar. C'était Éric qui travaillait ce soir-là. L'endroit était à peu près désert, ce qui était surprenant pour un samedi. Mais Éric s'en foutait, Éric a la sagesse instinctive de ne pas se laisser affecter par les choses qu'il ne contrôle pas. On s'est accoudés tous les deux au comptoir et on s'est pris un bon scotch, un vieux.

— Et puis, mon petit… c'était bien, les vacances?

Il m'appelait toujours « mon petit » et, chaque fois, ça me faisait plaisir. Même si j'étais plus grand, plus vieux que lui.

— Ouais, c'était bien.

— T'as l'air en forme aussi. Ça te va bien, un peu de soleil.

J'ai souri, on a trinqué.

— Bon, raconte… Ça s'est bien passé avec Camille?

J'ai hoché la tête, mais je devais avoir l'air songeur,

parce qu'il m'a regardé de travers. On ne peut rien lui cacher à Éric ; il regarde bien plus qu'il n'écoute.

— Non vraiment, c'était bien, j'ai insisté. Mais je me rends compte que ce n'est pas simple. J'ai pensé à Marlène, à peine, mais quand même, et…

Il a ri comme si je venais d'en conter une bonne. Ça m'a étonné un peu.

— Quoi ? l'ai-je interrompu.

— Quoi, *quoi* ? Qu'est-ce que tu penses ? Que Marlène va te sortir de la tête parce que tu baises avec la petite ? C'est dur à avaler ce qui t'arrive. C'est pas pour t'emmerder que je dis ça… c'est long, c'est tout. Tu peux pas accélérer l'affaire, il faut que ça passe. Puis Camille, c'est en plein ce qu'il te faut, mais tu vas pas remplacer Marlène comme ça. Amuse-toi, c'est la meilleure…

— J'ai pas envie de *m'amuser*. J'ai envie de, de… je sais pas, j'ai envie…

— Pas envie : *besoin*. T'as *besoin* de t'amuser. Sérieusement, qu'est-ce que tu veux faire d'autre ? Tu veux que ça devienne lourd de sens avec Camille comme ça, tout de suite, avec l'autre qui vient de foutre ta vie en l'air ?

Je n'ai rien répondu. Présenté comme ça, il n'y avait rien à répondre. J'ai juste songé que je n'avais plus dix-neuf ans.

— T'habites où, au fait ? T'es encore à l'appart ?

— Mouais… Au pire, je vais dormir là ce soir, mais non, je suis pas capable. Et puis Marlène revient bientôt, je pense.

— Ça fait combien de temps qu'elle est là-bas ?

— Un mois, à peu près.

— Alors, qu'est-ce que tu vas faire ?

— À propos de quoi?

— Ben, pour dormir! À part ce soir, je veux dire.

Je n'y avais pas pensé. Je ne voulais pas dormir chez Camille, et ça m'enrageait de ne pas savoir pourquoi, soudainement, je n'en avais plus envie. Mais c'était viscéral, il n'y avait rien à faire. Ce n'était pas de Camille que je n'avais plus envie, je crois, c'était de moi et Camille, de moi avec Camille, de moi tout court.

D'ailleurs, les cours reprenaient dans quelques jours à l'université, et j'avais besoin d'autre chose que d'un campement de fortune. Je commençais à trouver que j'aurais dû rester dans le Maine. Vendre des pétoncles sur le bord de la 11.

— Tu peux toujours venir à la maison, si tu trouves rien, a-t-il conclu.

— Jacinthe serait d'accord?

— Non.

Il a souri à l'idée d'emmerder Jacinthe. Les deux vivaient ensemble depuis trois ans, dans une cordiale mésentente, et ils formaient le couple le plus solide que je connaissais.

— Je sais pas, Éric. C'est gentil mais je suis plus capable de faire du camping à gauche et à droite. Je vais me trouver quelque chose.

— Ouais. Enfin, si t'es dans la merde, il y a le divan dans le salon qui est confortable.

— Tu devrais le savoir, hein…

Il a ri.

— Tu peux bien parler, toi!

Éric avait été le premier à flairer que l'autre avait quelque chose pour Marlène. Il m'en avait parlé un soir, au début de l'été. On venait de déménager une copine, et on buvait une bière, assis tranquilles sur le trottoir. Éric avait l'air songeur. Moi j'étais crevé, le frigo m'avait démoli l'échine, et la bière m'achevait lentement dans les dernières lueurs du jour. J'étais bien, n'empêche.

— Qu'est-ce qu'elle fait Marlène, ce soir? m'avait-il demandé.

— Ben, je devais aller la rejoindre chez Jean à la campagne cet après-midi, mais bon, avec la chaleur, j'ai préféré rester en ville et transporter des électroménagers…

Il n'avait pas relevé la boutade.

— Elle est chez Jean?

— Ouais. Mais j'irai pas ce soir. Je suis trop brûlé. Demain peut-être, s'il fait beau.

Il avait fini sa bière, s'en était pris une autre dans la caisse presque vide. Il avait joué un moment avec la capsule.

— Tu sais, mon petit, je voulais te parler de Jean, justement. C'est pas vraiment ma place, ça fait chier d'avoir à dire ça… mais je t'aime beaucoup, O.K., et je me sentirais mal de ne pas te dire ce que je pense.

Je n'avais rien dit, je savais à peu près où il s'en allait avec ça.

— Me semble qu'ils passent pas mal de temps ensemble, ces deux-là. Ça fait un bout de temps que je trouve que… qu'il y a peut-être quelque chose de, je sais pas, quelque chose de pas net. Je sais pas. Il y a un moment que je voulais t'en parler, mais… Mais bon, c'est pas ma place, je le sais.

Il avait pris une longue gorgée de bière. Il ne me regardait pas, il fixait un point au bout de la rue. Ça le faisait souffrir de me déballer ses soupçons. Je n'avais rien dit. J'avais regardé au bout de la rue aussi. Au bout d'une minute, il s'était tourné vers moi.

— Je pense vraiment que Jean est amoureux de Marlène, c'est tout. Fais ce que tu veux avec ça.

J'avais laissé la phrase s'évaporer. Elle prenait son temps.

— Non, je crois pas, Éric. Jean est tout seul. C'est notre copain, il s'ennuie. Je sais que... comment dire? que ça peut avoir l'air louche, mais je la connais, Marlène. Elle le laisserait jamais se faire des idées. T'es gentil de t'en faire pour moi, mais il n'y a pas de raison, j'en mettrais ma main au feu. Puis Marlène, c'est pas son genre, à Jean.

— Alex... tu connais peut-être Marlène, mais Jean, moi ça fait un bout de temps que je le connais. Je l'aime bien. Mais je lui ferais pas confiance une seconde. Jean, il pense à Jean, il s'occupe de Jean, il fait ce que Jean veut, point final.

— T'exagères.

Éric avait haussé les épaules.

— Je le connais, c'est tout. De toute façon, tu fais ce que tu veux avec ça.

Et c'était tout. Il n'avait rien ajouté. On avait fini notre bière en silence, et c'était la dernière fois qu'Éric me parlait de ça.

Accoudés au comptoir, on a repris un autre scotch et on a fermé la place. Ensuite on a joué au billard et j'ai perdu trois parties sur quatre. Perdre contre Éric ne me vexait pas trop; il jouait bien, stratégique sans être

71

mesquin, ce qui est rare. Perdre contre Éric me donnait l'impression qu'il restait un semblant de justice dans le cosmos, ou quelque chose de cet ordre.

J'ai dormi chez lui.

13

Le lendemain, je me suis tapé une journée de tracasse-
ries, une de ces journées stériles où il s'avère nécessaire de
renouveler auprès de diverses instances votre place dans la
société en rafraîchissant votre identité administrative,
disons. Carte d'assurance-maladie, immatriculation de la
voiture, inscription à l'université, mise à jour du livret
bancaire, paiement de contraventions, électricité, gaz et
téléphone. En fin d'après-midi, exaspéré par les files d'at-
tente et allégé de quelques centaines de dollars, mes dos-
siers dans quinze ordinateurs se trouvaient à jour. Il ne me
manquait qu'une hypothèque. J'ai plutôt opté pour une
bière à *L'Asile.*

J'en étais à ma troisième quand la Providence s'est
amenée avec son air tracassé et son cartable bourré de cor-
rections. Martine enseignait aussi l'été, histoire de rem-
bourser ses dettes d'études, qui étaient considérables. Elle

m'a repéré au comptoir et ses traits se sont détendus. Je la voyais venir avec ses travaux à corriger. Ça ne me disait pas du tout de me taper la lecture de ses cent trente-huit dissertations, mais le soulagement intense, l'enthousiasme authentique qui illuminaient soudain son visage ont eu raison du franc dédain que m'inspirait la tâche.

Martine était une fille pragmatique. Elle me voyait accoudé au bar, et j'avais l'impression qu'elle ne se disait pas : « Tiens, voilà Alex. Je suis contente de le voir, il me semble que ça fait longtemps », ou quelque chose du genre. Non, je ne crois pas qu'il lui arrivait de se parler en ces termes. À vrai dire, elle donnait l'impression de ne pas se parler en mots. Elle rentrait dans le bar comme un missile à tête chercheuse, ne cherchant rien précisément, si ce n'était de rendre son existence plus plaisante. Alors, quand elle m'avait vu au bar, un calcul logarithmique inconscient m'avait désigné comme une cible de choix. Une *smart bomb*, Martine. Et belle comme un missile, un visage taillé à la serpe, des yeux coupants. À la rigueur, elle se réjouissait de me voir avant même de saisir pourquoi. Moi aussi j'étais bien content de la voir, même si elle était la meilleure amie de Marlène. Elle avait quelque chose de pimpant dans les yeux, Martine, un petit quelque chose qui donnait envie de danser avec elle.

— Mon sauveur ! s'est-elle exclamée en me faisant la bise.

— C'est quoi le sujet de tes dissertations ? ai-je demandé.

Elle a ri.

— Je suis sûre que ça va te plaire ! Camus, Sartre, l'absurde, le néant, la nausée… En plein dans tes cordes…

— Ah… super, ai-je dit, avec un enthousiasme nul.

Elle s'est encore marrée. J'aime bien les gens qui ne se laissent pas abattre par mes humeurs neurasthéniques. Je leur en suis, je ne sais pas pourquoi, reconnaissant.

— Allez, Alex, je paie la bière. Et puis t'as quelque chose de mieux à faire, toi ?

J'ai mis un peu trop de temps à répondre et ça m'a été fatal ; j'avais déjà un stylo rouge dans la main et une bière toute neuve devant moi.

— O.K., mais je te préviens, j'ai passé une journée très chiante et je risque d'être méchant avec ceux qui racontent trop de conneries ou qui font des phrases débiles…

— T'en fais pas, je garde les plus nuls pour moi.

— Tu fais bien.

Et puis on s'est mis à l'ouvrage. « *Le sentiment de l'absurde est le sentiment que les choses sont absurdes. Le monde est absurde, donc c'est l'absurde.* » « *Roquentin ne supporte pas la nausée parce que les choses.* » « *Camus pousse Sisyphe en haut de la montagne qui redescend encore et encore.* » En vérité, je m'amusais plutôt, éprouvant une certaine joie à glisser des remarques ironiques en marge. Martine trouvait que j'y allais un peu fort, mais après son troisième bloody caesar, mes petits commentaires vicieux lui semblaient de plus en plus rigolos. En deux heures et demie, on est passés à travers le quart de ses corrections, puis on en a eu assez.

— T'as faim ? ai-je dit en rebouchant le stylo.

— Je meurs de faim. On mange ensemble ?

— Affirmatif.

On a remballé nos trucs, puis on est sortis. Il faisait encore chaud, le soleil venait tout juste de disparaître. L'été rechignait à partir et personne ne s'en plaignait. Les nuits étaient encore douces, mais elles n'avaient plus la moiteur capiteuse de juillet. Martine avait envie de pâtes. On a choisi un petit resto tout neuf, qui faisait dans l'italien néo-fusion postmachin. J'ai commandé des *farfalle* aux champignons sauvages et Martine un plat avec une sauce à la vodka. Puis le serveur nous a apporté du pain avec une jolie fiole d'huile d'olive et deux petites assiettes, le beurre s'étant apparemment démodé. J'ai constaté avec une légère consternation que de bouffer mon pain avec de l'huile d'olive m'était devenu familier, alors qu'à peine trois mois plus tôt je m'étais insurgé avec véhémence contre cette mode tape-à-l'œil. J'étais devenu un branché, par pure indolence d'ailleurs.

Bien sûr, Martine a fini par prononcer le nom de Marlène, en me demandant du bout des lèvres si j'avais des nouvelles.

— Pas depuis une quinzaine de jours en tout cas.

— Et puis toi, ça va?

J'ai souri.

— Je sais pas vraiment. C'est comme si… si je ne savais plus vraiment comment ça doit aller quand on est tout seul. C'est pas clair…

— Et tu vois encore Camille?

— Oui. Mais, je…

Je me suis ravisé. Je n'avais pas envie de parler de Camille, de mettre des mots sur des sentiments que je cernais assez mal. Surtout, je ne voulais pas que Martine aille colporter tout ça à Marlène. Martine avait une certaine idée de la solidarité féminine et, bien que nous nous soyons toujours entendus à merveille, elle n'en demeurait pas moins — et avant tout — l'amie indéfectible de Marlène.

— Mais tu… quoi?

— Rien. Je vois encore Camille. Je sais pas trop où ça peut mener, mais bon, c'est bien.

Je disais ça et j'étais sincère, mais j'avais l'impression de mentir. Ça sonnait horriblement faux.

— T'habites encore chez elle?

— Non. Je vais me trouver quelque chose bientôt… rien qu'une chambre à la rigueur. Meublée, tu sais, juste une place, en attendant de voir comment ça va se passer toute cette… tout ça. Si ça se trouve, Marlène va aller habiter chez Jean en revenant de là-bas…

— M'étonnerait.

— Pourquoi? Ils sont ensemble, non? S'ils sont pas ensemble, c'est vraiment un gâchis pas croyable cette histoire… Ils pourraient avoir la décence d'être un peu, je sais pas, *conséquents*… Calvaire.

Elle s'est mise à rire.

— Faut toujours que les choses soient tranchées avec toi! Tout noir ou tout blanc, hein?… Ça t'est passé par la tête que peut-être Marlène a aucune idée de ce qu'elle fait, de ce qu'elle veut, qu'elle mesure très mal en ce moment les conséquences de ce qui vous arrive?

— Non mais tu te rends compte, un peu? Faut assumer ce qu'on fait, merde, quand c'est grave comme ça. Tu penses que j'ai jamais eu d'occasions de tout foutre en l'air entre elle et moi? Que j'ai passé quatre ans sans jamais y penser, sans jamais trouver que l'herbe était plus verte ailleurs? C'était pas rose tous les jours, mais je suis resté. Chaque fois qu'une fille me plaisait, que je me disais que je passais peut-être à côté de quelque chose, je suis resté. Tu crois que je suis fait en béton, que l'occasion ne s'est jamais présentée?

— Non, je sais, évidemment que t'en as eu des occasions. D'ailleurs, la plupart du temps, tu ne t'en rendais pas compte.

— Ah bon...

— Mais c'est pas la question, Alex. Non, la question c'est : Marlène, elle, elle l'a fait. À partir de là, qu'est-ce qui se passe ? Parce que ça ne sert à rien de faire un procès à Marlène ou à Jean, c'est, comment te dire... c'est hors de propos. De l'extérieur, c'est sûr, on peut mettre tous les torts sur Marlène, et c'est ça que t'es en train de faire, et c'est compréhensible. Mais pourquoi tu crois qu'elle s'est laissée tomber amoureuse de Jean ?

— Parce qu'elle est folle ! Je sais pas, moi !

— Non, non, on se calme, tu sais très bien que Marlène n'est pas folle. Et c'est pas parce que tu t'énerves comme un petit con et que tu parles fort que t'as raison...

Elle me sciait, Martine. Je me serais ouvert les veines devant elle, elle m'aurait dit que j'étais juvénile.

— Tout ce que je sais, Martine, c'est qu'à moi, ça me serait pas arrivé.

— Facile à dire. C'est pratique ta petite position de victime, c'est pépère. « C'est la faute à ci, c'est la faute à ça, la faute à la vie, quelle saloperie, comme je suis malheureux, comme c'est injuste, gnangnan... » Superproductif comme attitude. Bravo.

— Mais j'hallucine, là ! T'es en train de me dire que c'est de ma faute, ou quoi ?

— Ce que je te dis, c'est que ça se fait pas tout seul une rupture. Ça possède une... une *architecture* beaucoup plus complexe que ce qu'on peut en voir à première vue. T'étais plus là pour elle, Alex. À la rigueur, je te dirais qu'elle pensait pas te faire autant de mal en te quittant, elle pensait que tu t'en foutrais. Elle... comment on dit?... elle sabordait le navire plutôt que de juste couler avec. Et je suis pas si sûre qu'elle n'avait pas raison...

— Raison? J'ai l'air de m'en foutre, là?

— Non, t'as pas l'air de t'en foutre. Mais c'est drôle comment tu parles de tout ça : on dirait plus une blessure d'amour-propre qu'une peine d'amour... Si c'est qu'une réaction d'orgueil, tout ça, Marlène avait raison de te quitter.

Je me suis allumé une cigarette.

— Tu dois finir par t'énerver toi-même, Martine, non? Tous tes petits jugements pratiques, tes petites classifications, ça doit finir par être lourd de trouver le monde aussi simple...

Elle s'est mise à rigoler.

— Oh là! On se calme! On peut changer de sujet aussi, tu sais...

Martine, il n'y avait pas moyen de la vexer. Pas avec des mots, en tout cas. Elle a posé sa main sur la mienne.

— Justement, j'ai pensé à quelque chose tout à l'heure. Tu sais, je t'ai dit que j'allais enseigner à Québec, cet automne...

— Mmm...

— Eh bien, vu qu'il n'est pas question que je me tape deux mille kilomètres par semaine, je me suis dit que tu pourrais garder mon appartement, le temps de te trouver quelque chose. Je reviendrais peut-être une fin de semaine sur deux, maximum... Ça te dit?

C'était si soudain que je ne savais pas trop quoi répondre. C'était idéal, en vérité. Son appartement était à deux pas du bar, et ça voulait aussi dire que je n'aurais pas à m'infliger un déménagement et toute l'horreur que ça impliquait, du moins pas avant un certain temps.

— Je pense bien que oui…

— Bon, parfait! C'est mes plantes qui vont être heureuses…

14

Trois jours plus tard, j'embarquais mon ordinateur, ma guitare, trois sacs en plastique remplis de vêtements et je prenais possession des lieux. Le jour de mon anniversaire. Je n'en avais parlé à personne et j'ai eu vingt-huit ans dans une parfaite clandestinité. Je me suis payé des lunettes de soleil, à cause d'un vieux hit des années quatre-vingt : *The future's so bright, I gotta wear shades...* Marlène était revenue, on s'était parlé brièvement au téléphone, mais je m'étais organisé pour ne pas que l'on se croise, ce qui devait bien faire son affaire aussi. Conversation sèche ; l'un comme l'autre nous évitions de mettre des mots sur ce qui se passait. « Je vais prendre la machine à café, la vieille, tu sais... — Non, prends la bonne, ça ne me fait rien. — D'accord. Et j'ai pensé, pour le courrier, que... » Une insupportable succession de banalités. « Ça va ?... » m'avait-elle demandé. « Qu'est-ce que tu crois ? » j'avais dit. Ça s'était terminé comme ça, bêtement. Marlène, elle, allait mal, je l'avais senti dès les premières phrases. Bien sûr, elle ne l'aurait jamais dit, pas comme ça. Mais elle voulait quand même que je le devine. Il était trop tôt pour se parler vraiment. Il n'y avait rien à dire. Depuis un certain matin de juillet, il n'y avait plus rien à dire.

Ce matin-là, ce 3 juillet, je m'étais levé avant elle, comme souvent. J'aimais bien la laisser dormir, la voir s'étirer en travers du lit et promener sa main sur ma place encore chaude en fronçant un peu les sourcils. Je passais mes vêtements sans faire de bruit, mais elle s'éveillait toujours comme j'allais sortir de la chambre. Bonjour, me disait-elle, et moi je lui chuchotais qu'il faisait beau. Je vais faire du café, lui disais-je. Alors elle souriait et se rendormait sur le ventre. Puis je me glissais hors de la pièce, devancé par les deux chats qui trouvaient qu'il commençait à être temps que quelqu'un les nourrisse.

J'aimais bien ce petit moment, avec les chats, dans la lumière de l'avant-midi. Je descendais chercher le journal, puis je m'installais à la table de la cuisine en attendant le café. Jus d'orange, mots croisés, c'était mon petit rituel, mon moment zen. Je fumais deux ou trois cigarettes, je buvais un café, et lorsque j'avais l'impression que la journée était vraiment entamée, alors j'allais porter son café au lit à Marlène. Après quatre ans, elle faisait encore une tête ravie chaque matin, comme si c'était une attention particulière. Ça l'était. Tous les matins, j'apportais le café noir, avec la crème et le sucre à côté. Je savais au milligramme près la quantité de sucre qu'elle y ajouterait, mais c'était pour le principe, ou enfin pour *un* principe, je ne sais trop lequel ; instinctivement, je savais qu'il me fallait laisser à

Marlène le loisir de mettre huit cuillerées de sucre dans son café si ça lui chantait. C'était ridicule, mais c'était comme ça. Et tous les matins, Marlène mettait une cuillerée et quart de sucre et un peu de crème dans son café.

Mais ce matin-là, Marlène s'est levée presque en même temps que moi. Ça me décontenançait toujours un peu quand elle faisait cela, et je me sentais d'autant plus idiot que je constatais l'importance démesurée de mes habitudes. J'ai préparé le café quand même, un peu irrité à l'idée d'être privé de ce petit moment de solitude, auquel je tenais. J'ai ouvert le journal, versé deux cafés, allumé une cigarette. Puis, le plus simplement du monde, Marlène m'a dit qu'elle voulait qu'on se quitte.

— … Quoi ? ai-je murmuré.

Elle avait les yeux pleins d'eau.

— Je pense… je pense que ça serait une bonne chose qu'on… oui, c'est ça… qu'on se quitte. Oui… c'est ça…

Le soleil inondait la cuisine, il y avait une petite brise qui entrait par la fenêtre. Et deux larmes, deux larmes claires ont coulé sur les joues de Marlène. Deux larmes, et ma gorge s'est resserrée, car il y avait ces deux larmes, et le soleil, et le vent, mais il y avait ses yeux. Ses yeux gris, dans lesquels je cherchais la faille, l'erreur, juste un doute, un doute m'aurait suffi.

— Mais qu'est-ce… quoi, pourquoi tu…

J'étais incapable d'articuler trois mots, j'avais le vertige. J'ai fermé les yeux, aspiré longuement, et j'ai essayé de poser ma voix.

— Qu'est-ce que ça veut dire, pourquoi tu me dis ça ?

Ça m'avait tout pris. J'ai regardé Marlène de nouveau.

Elle pleurait. Sans bruit. Juste les lèvres qui tremblaient, et les larmes.

— Je suis pas heureuse… Je suis plus heureuse avec toi.

J'ai regardé par la fenêtre. Trois hirondelles sur le câble électrique. Six antennes de télévision. Une bande de nuages au loin. Des cumulus. Non, plutôt des stratocumulus. Moins bien définis, plus effilochés. Puis beaucoup plus haut, des cirrus, comme de la soie, composés de minuscules cristaux de glace en suspension. Température moyenne à quarante-cinq mille pieds : moins cinquante-trois degrés. Je me suis mis à pleurer, sans faire exprès. C'était à cause du froid, à quarante-cinq mille pieds d'altitude. Et j'ai pensé qu'on devait se sentir très petit, là-haut ; très petit, oui, et très seul aussi. J'étais devant Marlène, et on pleurait tous les deux, seuls. J'aurais voulu arranger les choses. D'habitude, j'étais efficace, je réagissais, j'étais passé maître dans la gestion de crise. Mais ce matin-là, j'étais paralysé, muet, je pleurais sur ma chaise comme un demeuré. Parce que je savais que quelque chose s'était brisé. Je ne savais pas quoi, mais ce regard qu'elle avait, Marlène, ce regard ne disait pas : « Rassure-moi », ce regard, il ne me demandait rien, il me *disait*.

À quarante-cinq mille pieds, ce matin de juillet, un filet d'air s'échappait de mes poumons, je n'avais plus de voix. Personne ne m'aurait entendu.

15

L'appartement de Martine était exactement ce dont
j'avais besoin. De la vieille moquette grise, des murs aux
couleurs douteuses, des meubles banals — ou alors fran-
chement horribles —, bref, l'endroit était d'une laideur
reposante. Une tanière bien douillette. Je me suis installé
un bureau sommaire et j'ai condamné la fenêtre de la
chambre au moyen d'une épaisse couverture, car je savais
très bien que j'allais passer l'automne à dormir, à bouffer
n'importe quoi au lit et à me gaver de télévision, comme
d'autres avalent des Valium à répétition. Ma façon de
moins sentir. Cette hibernation n'était pas vraiment un
projet ; je n'en avais pas envie, bien au contraire. Mais je
savais que je n'y couperais pas, c'était ma nature.

J'ai tout de même réussi à assister à mon premier
séminaire, à l'université. Ça m'a fait du bien de reconnaître
les visages, de me remettre à lire un peu de théorie, de

réfléchir à des choses qui ne me touchaient pas. Ça m'a fait du bien un temps, trois semaines peut-être, puis imperceptiblement j'ai commencé à me sentir comme un étranger entre ces murs de béton, une sorte d'imposteur. D'ailleurs, je saisissais de moins en moins ce que je faisais là, je comprenais de moins en moins ce que je lisais, ce dont je discutais durant les pauses, ce que j'écrivais. L'atmosphère dilettante des premières années s'était quelque peu dissipée ; les étudiants que je côtoyais étaient désormais des universitaires de carrière. Ils travaillaient à peu près tous à d'étranges projets de recherche, faisaient de la correction pour des professeurs, siégeaient à d'obscurs comités. Et ils ne parlaient que de bourses, bourse de tel organisme, bourse de machin, bourse du fonds de soutien à ci, bourse du centre de recherche sur ça ; qui l'avait eue l'an passé, à quoi travaillait-il donc, à qui fallait-il parler pour être retenu, et ainsi de suite. Et si l'on me demandait quelles bourses je sollicitais, je répondais que je n'avais pas la moyenne pour y prétendre, ce qui était sans doute vrai. Si j'avais répondu que je gagnais suffisamment de sous comme barman, mon statut de paria n'en serait devenu que plus flagrant.

L'automne est arrivé, je suis devenu frileux. J'ai manqué un séminaire, puis deux et je ne me suis plus senti la force d'assister en toute impunité au suivant. Alors j'ai laissé tomber, momentanément, me disais-je. J'ai écrit une lettre brève au directeur du département, l'avisant que je me désistais. Se désister : j'aimais bien le verbe, il ne me donnait pas l'impression d'un abandon, d'un échec. Mon orgueil n'aurait pu souffrir que j'abandonne, mais que je me *désiste,* ça passait. Ça m'a soulagé. Je pouvais dormir, ne rien lire, ne pas me laver, rester en robe de chambre toute la journée dans cette tiédeur paisible, ce doux placenta. Si je n'avais pas eu à travailler trois soirs par semaine au bar, ma réclusion eût été totale. Je ne recevais aucun visiteur et limitais mes conversations téléphoniques à de brefs échanges utilitaires, avec ma mère entre autres, qui s'inquiétait pour moi et que je tentais vainement de rassurer d'une voix monocorde ; avec Éric aussi, qui aurait bien voulu me sortir de ma torpeur, et dont je déclinais avec bienveillance les invitations. Et puis il y avait Camille, qui appelait de temps à autre pour prendre de mes nouvelles. Elle ne m'en voulait pas trop pour mon inconséquence, bien qu'elle prît plaisir à me traiter gentiment de nul et de minable à toutes les trois phrases. On s'entendait bien là-dessus. Elle était la seule personne de mon entourage à ne pas faire grand cas de mon mode de vie et s'avérait, par conséquent, la seule qui ne m'exaspérait pas. Nous avions des conversations interminables, elle me parlait de ses cours, de l'Italie, du sens du sacré chez Michel-Ange, de l'*Inquiétude* de Botticelli. Elle avait une manière unique de me raconter tout ça. Poésie. Et puis elle me laissait dire les pires conneries, ça me mettait de bonne humeur.

Je me sentais plutôt bien. Comme quoi une dépression nerveuse, ça ne veut pas dire la même chose pour tout le monde. Temporairement, je n'exigeais strictement rien de moi-même. Certains jours, je ne bouffais rien du tout, je passais la journée avec trois cafetières et deux paquets de cigarettes. Le lendemain, j'avalais une boîte de corn-flakes et du chinois surgelé. Puis le lendemain encore, un kilo de bœuf haché. Des sardines à l'eau. Un sac de chips. Ça n'avait aucune importance. Je me tapais les pires idioties à la télé et m'endormais généralement au petit matin avec une migraine carabinée. Je réservais mes efforts ménagers pour les brefs séjours de Martine en ville, séjours desquels elle avait la clairvoyance de me prévenir vingt-quatre heures à l'avance.

J'ai réussi à baigner dans ce douillet coma durant un mois, peut-être. Puis il y a eu ce décès dans mon entourage, une mort soudaine, absurde. La télévision de Martine a été foudroyée par une rupture d'anévrisme. Au beau milieu d'une pub de vadrouille révolutionnaire, l'écran est devenu tout blanc, pendant que le son augmentait bien au-delà des capacités du haut-parleur. *Trois paiements faciles de dix-neuf quatre-vingt-quinze,* c'est la dernière chose que j'ai pu apprendre au sujet de ce produit fantastique qui absorbe vingt fois son poids en eau. Et à cent trente décibels, c'est le genre de phrase que l'on n'oublie pas. Puis tout s'est éteint aussi sec et je suis resté longtemps immobile dans cet étrange silence, dans cette pénombre funeste. J'ai songé au fait que vingt-deux ans, pour une télé, c'était vénérable. Si elle avait été un chien, ça lui aurait fait cent cinquante-quatre ans. Je me suis dit qu'il fallait que je déménage.

Le lendemain, j'ai reçu la visite de Marlène. Exceptionnellement, j'étais vêtu et lavé quand elle a sonné à ma porte, ça me donnait une relative contenance. J'ai ouvert sans dire un mot et suis retourné m'asseoir à la table de la cuisine, devant ma grille de mots croisés. C'était idiot comme comportement, et je le savais, mais je n'arrivais pas à trouver une attitude qui pût convenir. Je n'avais pas envie de regarder dans ses yeux et sans doute encore moins envie qu'elle regarde dans les miens. Magnésium, c'était Mg ou

Ma ? J'avais vraiment une mémoire pourrie pour ces choses-là. Marlène ne s'est pas formalisée de mon accueil, du moins pas en apparence. Une part de moi aurait voulu la voir se décomposer, fondre en larmes. Elle m'a demandé s'il y avait du café. J'ai hoché distraitement la tête. Elle est passée à côté de moi et s'en est versé une tasse.

— Tiens, m'a-t-elle dit, je t'ai apporté ton courrier et des croissants.

— Ah… merci. Peut-être tout à l'heure.

C'était presque indécent, cette attention. Le tortionnaire qui tend un mouchoir à sa victime entre deux décharges électriques.

— T'es bien ici ? m'a-t-elle demandé.

— Mmm…

— C'est pas si mal, quand même. C'est pratique surtout, t'es près de tout.

Je n'ai rien répondu. Qu'est-ce qu'elle voulait au juste ? me suis-je demandé. Venir me dire que les choses allaient bien pour moi ? Que je la rassure ? De toute manière, elle se rassurait elle-même, semblait-il.

— Et comment vont les cours ?

— Sais pas.

— Comment ça ?

— Ben, si tu veux savoir comment vont les cours, faut demander à quelqu'un qui y est encore inscrit.

Ah… elle a fait. Elle n'a rien dit d'autre, mais je savais que ça lui foutait un coup que je n'aille plus à l'université. Ça m'éloignait un peu plus d'elle. Il y avait quatre ans qu'on était aux études ensemble. Ça faisait partie de nous deux, c'était quelque chose qu'on faisait ensemble. Les mêmes livres, les mêmes profs, tout ça.

— Je suis juste un barman, tu vois…

Marlène remuait sa cuillère dans la tasse de café.

— Et puis ça fait vraiment du bien d'arrêter de m'en faire avec toutes ces conneries. Les échéances, les lectures, tout ce petit monde schizo… J'ai pas besoin de ça. Honnêtement. Ça m'enlève un poids pas croyable de plus me casser la tête…

Je la décevais terriblement, et d'un ton si niais, si léger que l'effet s'en trouvait décuplé. Ça lui faisait mal. À moi aussi un peu, mais le différentiel de tristesse était nettement en ma faveur. Une aubaine. J'ai feuilleté mon courrier. Il y avait une carte postale du Mexique.

— C'est peut-être une bonne idée. Le temps que tu te remettes sur tes pieds… m'a-t-elle dit enfin.

Ne pas montrer sa peine, aménager les choses pour qu'elles aient du sens. Tout à fait Marlène. Ma petite Marlène d'acier. Frêle comme un bulldozer et pourtant si surprenante, si forte parfois, forte comme un papillon. Elle m'a presque attendri un moment.

— Ouais. C'est peut-être une bonne idée tout court aussi, du type permanent. Je sais pas, ça se pourrait que je sois pas fait pour les hautes études. Question de discipline, de rigueur… Je commençais à m'emmerder, de toute façon.

Je ne mentais qu'à demi; et de ce fond de sincérité, j'étais le premier inquiet. Je disais tout ça pour Marlène, même si ça sonnait salement vrai. Mais tant qu'à voir les balises de mon existence m'exploser au visage, aussi bien faire table rase de toutes celles qui ne tenaient pas le coup.

— Et enseigner?… Tu veux plus enseigner?

Il y avait soudain quelque chose d'implorant dans sa

voix, comme si elle me disait : « Reste celui que tu étais, encore un peu, s'il te plaît... » Enseigner. Ça datait d'une autre époque, cette idée. Ça datait du temps où je nous croyais blindés contre les colis piégés, contre toutes les embuscades que la vie pouvait nous tendre. Parce qu'on était intelligents, sages. Parce qu'on savait reconnaître le toc, la fausse monnaie du cœur. Enseigner. Et enseigner quoi, à qui ? Et merde, de quel droit au juste ? Je ne me sentais pas l'autorité pour enseigner l'alphabet à un enfant de six ans. Ou l'hygiène de base à un chien. Alors, avant qu'on me prenne à parler de Camus ou d'Hemingway du fond de mon appartement minable, du haut de mon jugement crasse et des connaissances sommaires que j'ai sur à peu près rien en général, et sur la vie en particulier, il allait se passer un petit bout de temps.

Dans un univers parallèle, il y avait un gars qui s'appelait Alexandre, qui enseignait, qui allait enseigner, peu importe. Il habitait la campagne, une maison en pierre des champs au bout d'un chemin de terre quelque part, près d'un village, d'un lac où l'on pêchait la truite à condition de connaître un peu son affaire, les heures où ça mord, l'embouchure du petit ruisseau et cette faille dans le roc où se réfugiait le poisson pendant les chaleurs de juillet. Dans la maison, il y avait une jolie pièce à l'étage, orientée plein sud. Des babioles en verre coloré qui tintaient doucement à la fenêtre. C'est là qu'il faisait les mots croisés, le matin. Une longue table de bois patiné. Des piles de bouquins, des papiers partout, des notes, des lettres, des dissertations à corriger. Peut-être un enfant, une fille qui s'appelait Juliette, Aurélie ou Ève. Des poules, un chien. Et partout, dans tous les recoins de la maison, dans chaque repli de l'air, dans chaque mot tracé à l'encre, dans le moindre bruissement, il y avait Marlène. Et chaque jour, Alex savait que Marlène était la substance de tout cela, l'échine. Mais c'était une autre Marlène.

— Je ne sais plus si je veux enseigner, j'ai dit, ça fait partie d'autre chose, ça n'a plus exactement le même sens. Tu comprends?

— C'est un peu facile, tu trouves pas? m'a-t-elle dit sèchement.

— Ben oui, c'est facile, Marlène. C'est l'idée, justement : que ça soit facile. Se compliquer la vie juste pour se la compliquer, hein…

— Comme ça, tout à coup, ça ne vaut plus la peine?

— Ben oui! ai-je dit en claquant des doigts, comme ça… C'est pas parce qu'on a quelques années d'investies dans quelque chose que ça devient sacré pour autant, hein! Y a rien à comprendre à tout ça, les choses changent. Tu devrais le savoir…

Je n'avais pas besoin d'appuyer. Il y avait une phrase un peu bête que Marlène lâchait de temps à autre, quand elle était de bonne humeur ou qu'elle avait un verre dans le nez. Je me suis dit que tant qu'à y être, je pouvais balancer ça dans le tas, ça ferait joli.

— On vit vraiment une époque formidable, ma chérie, j'ai dit.

— T'es vraiment con.

J'ai souri méchamment. Quand elle me traitait de con comme ça, sur ce ton, j'avais gagné. Gagné quoi, au juste, ce n'était pas clair. J'avais gagné parce que j'étais le plus indifférent, le plus cynique. Petite victoire, mais victoire quand même. C'était facile de se foutre de tout, ça donnait le haut du pavé dans n'importe quelle discussion. Ça rendait glissant. Et dans ce cas précis, ça faisait pleurer Marlène. Je n'ai rien dit, j'ai fait comme si je n'avais pas remarqué son silence étranglé. J'ai jeté un coup d'œil sur les mots croisés. Huit vertical : *Légèreté de caractère*, en douze lettres. Elle ne pleurait pas de colère, elle ne pleurait pas pour que je la console, elle pleurait simplement de tristesse. Je connaissais la différence mieux que quiconque. Je connaissais Marlène mieux que quiconque. Je connaîtrais toujours Marlène mieux que quiconque. Ce n'était pas de la présomption, c'était comme ça, c'est tout. Et quiconque n'y pourrait jamais rien. Marlène pleurait de me voir comme ça, aigri, battu. À quoi d'autre pouvait-elle s'attendre, je ne sais pas. Sans doute aurait-elle souhaité que je lutte, que je n'accepte pas ce qui nous arrivait. Et pourtant, il me semblait que j'avais lutté, que j'avais tout donné ce que j'avais dans le ventre, déjà. *D-é-s-i-n-v-o-l-t-u-r-e*, douze lettres. J'ai inscrit le mot dans la grille. Mais je m'étais dépensé trop tôt, trop vite, alors que Marlène nageait dans cette risible euphorie des débuts avec Jean. Je me suis versé une tasse de café et j'ai lu la carte postale. C'était Yannick qui m'invitait chez lui, à Puerto Vallarta. Je n'avais pas faim, mais j'ai quand même entamé un croissant.

— Et toi, les cours, ça va? lui ai-je demandé distraitement.

Elle a mis un moment pour répondre.

— Ça va. J'ai pas la tête à tout ça, mais j'y arrive à peu près.

— Les chats vont bien?

Les chats vont bien. Qu'est-ce qui me prenait de poser une question aussi bête? Marlène a ri.

— Oui, les chats vont bien. Je pense qu'ils s'ennuient de toi.

— Ça m'étonnerait. C'est con, des chats.

— Dis pas ça. Je suis sûre que tu leur manques…

— Tu leur as expliqué ce qui se passe ?

— Dans les grandes lignes…

J'ai souri à mon tour. Je n'aurais jamais cru que ces deux petites bêtes hautaines et inutiles me manqueraient un jour. Le gros, surtout, et ses drôles d'habitudes, comme cette manie qu'il avait de me piquer mes stylos, qu'il cachait ensuite sous les meubles. Il passait devant moi lentement, l'air de rien, un stylo dans la gueule. Puis dès que je l'apercevais, il détalait et allait planquer son butin. C'était presque un chien, à vrai dire.

— Au fait, c'est quoi, Marlène, ce qui se passe ? Moi aussi, faudrait peut-être m'expliquer, parce que je suis pas certain de bien comprendre… Tu me quittes pour l'autre crétin, tu disparais à l'autre bout du monde et puis ce matin tu m'apportes des croissants…

— J'ai juste pensé que ça te ferait plaisir, c'est tout.

— Les croissants, ou juste le fait que tu me quittes ?

— Les croissants !

— Bon, bon. Avoue quand même que c'est ironique.

— C'est pas ironique. Je t'aime et je veux que tu sois bien.

Ça m'a énervé qu'elle dise ça. Ça avait quelque chose d'obscène.

— Non, non… arrête. Tu veux que je sois bien pour ton petit confort, pour pouvoir vivre en paix dans… dans ce… ce *gâchis*…

Marlène n'a rien répondu. Elle m'a juste regardé. Je

94

n'arrivais pas vraiment à décider si c'était un regard méchant ou un regard triste.

— Et puis ne me dis pas que tu m'aimes... Tu gardes ça pour toi, veux-tu?

Elle s'est levée, elle a enfilé son manteau.

— Bon. Je comprends, a-t-elle dit simplement.

Elle attendait que je la retienne, fragile et orgueilleuse.

— Tu comprends rien. Mais on n'est pas obligés de s'engueuler. Allez, je sors avec toi, j'ai des courses à faire.

Sur le trottoir, elle m'a demandé si je voulais marcher un peu. J'ai dit que je prenais la voiture. J'ai tiré les clés de ma poche.

— Bon... alors salut... m'a-t-elle dit.

— C'est ça. Salut.

J'ai fait deux pas vers la voiture, qui était garée juste en face. Marlène a eu un drôle de geste vers moi, comme si elle avait voulu me retenir puis s'était ravisée dans la même seconde. J'ai regardé au fond de ses yeux gris, je n'ai rien dit, j'ai attendu.

— Attends... je sais pas, dis quelque chose... Fais pas comme si, comme si tout allait bien ou... Tu sais, c'est pas plus drôle pour moi et...

Elle s'est tue, la bouche entrouverte, comme essoufflée, l'air égaré. J'aurais voulu ne rien dire, ne rien faire, mais je me suis approché, tout près, et je l'ai prise dans mes bras. Elle m'a serré de toutes ses forces, les poings fermés, tremblante. Je l'ai embrassée. Puis la clé que je tenais dans ma main, la clé de la voiture, sans réfléchir, j'ai enfoncé cette clé dans son dos en la serrant contre moi, j'ai enfoncé cette clé de métal dans sa chair, au milieu du dos, d'abord doucement, puis avec force. J'ai ouvert les yeux. Elle a ouvert les yeux à son tour, puis a eu un mouvement de recul, mais je l'ai tenue contre moi et j'ai continué à l'embrasser, avec cette tendresse que je n'avais que pour elle. J'étais sincère. Ses yeux étaient grands ouverts et son regard s'est embué. Je lui faisais mal, mais elle comprenait enfin quelque chose. C'est cela que j'ai pensé, à ce moment : *elle comprend enfin quelque chose.* Nous sommes restés un moment comme ça, immobiles sur le trottoir, nos lèvres soudées dans cet étrange baiser, nos regards en collision muette. Des larmes se sont mises à couler sur les joues de Marlène, et j'ai desserré mon étreinte, prenant brutalement conscience de la cruauté du geste. En reculant, j'ai essayé de lui sourire, comme pour lui dire que je l'aimais. Puis je suis monté en voiture et suis parti.

J'ai tourné le coin de la rue et je me suis garé sur le côté. Le front appuyé sur le volant, j'ai hurlé comme un dément jusqu'à ce que ma voix déraille.

16

Novembre. En rentrant du travail un soir, il y avait un
message sur le répondeur. Félix. J'ai écouté le message trois
ou quatre fois tant il me faisait plaisir d'entendre sa voix.
Six mois qu'il était au Venezuela et il appelait de l'aéroport,
à sa descente d'avion. Message un peu confus, mais Félix
était toujours un peu confus. La confusion était sa nature,
son *modus operandi* en quelque sorte. « Je sais pour Mar-
lène, au fait… » ajoutait-il. Il avait dû téléphoner chez elle,
naturellement. Ou au bar. J'ai eu envie de l'appeler sur-
le-champ, mais il était cinq heures du matin et je me suis
couché. Je me suis endormi en regardant la carte postale
du Mexique, un coucher de soleil banal sur l'océan. *Bahia
de Banderas,* disait la légende en petits caractères. Étrange
coïncidence, Yannick et Félix qui donnaient signe de vie à
quelques jours d'intervalle.

Le lendemain, c'est ce con de Félix qui m'a réveillé en

faisant irruption dans ma chambre, un poulet rôti dans une main et une caisse de bière dans l'autre.

— *Wake up, dead man!*

J'ai enfoui ma tête sous l'oreiller en signe de protestation.

— Fuck, Alex, lève! Comment tu fais pour vivre là-dedans?

— Sais pas. Je dors beaucoup. Crisse que t'es bruyant...

J'avais oublié à quel point il déplaçait de l'air, l'animal.

— Ouais, ben faudrait aérer, coco... Et puis ça manque de lumière. T'as besoin de photons, *man*...

Joignant le geste à la parole, il a tiré sur l'épaisse couverture qui faisait office de rideau. Je l'aurais assommé à grands coups de pelle, tellement il faisait beau. Mais c'était Félix, et il savait bien ce qu'il pouvait se permettre avec moi. J'ai juste grogné en me levant. J'ai mis en marche la cafetière, puis je me suis allumé une cigarette.

— Poulet? m'a demandé Félix en me tendant une cuisse.

J'ai détourné la tête avec dédain.

— Tu manques quelque chose... a-t-il dit en mangeant, mais bon, c'est vrai qu'avant le premier café, c'est moins tentant.

— Plutôt.

Il s'est levé de sa chaise et a fait le tour des lieux, l'air amusé. Il m'étourdissait un peu, alors j'ai pris congé le temps d'une douche rapide, avant le café. Il commençait d'ailleurs à être temps que je me lave. Après, j'ai enfilé un jean et me suis versé une tasse de café. Félix avait supprimé le volatile.

— Alors, c'est ici que tu vis depuis... depuis quand au fait?

— Début septembre.

— C'est correct, hein?... T'es plus à l'université, je suppose...

Félix me connaissait bien. J'ai haussé les épaules.

— C'est aussi bien comme ça. Et Marlène, elle continue?

— On dirait que oui.

— Alors, qu'est-ce que tu vas faire?

— À propos de quoi?

— Ben, je sais pas... De l'université, de Marlène, de l'appartement... tout, quoi!

— Aucune idée. Je vais commencer par déménager... Pour le reste, faudra voir comment les choses évoluent.

Il y allait un peu raide avec moi, ce matin-là. On parlerait de son retour du Venezuela plus tard, on se raconterait des histoires légères, des trucs sans importance. Mais d'abord, Félix voulait un briefing en bonne et due forme. Tout à fait lui. Les poignées de mains, les préambules de circonstance, poubelle. Et puis, après vingt ans d'amitié, on avait tendance à abréger les mondanités.

— Mauvaise attitude, continua-t-il.

— Facile à dire pour un gars qui prend un avion chaque fois que sa vie va un peu de travers.

— La fuite, y a que ça de vrai. Si tu préfères rester couché tout l'hiver, si ça te fait plaisir, eh bien! vas-y... En attendant, t'as pas l'air en grande forme. Je vois pas ce qu'il y a de mal à prendre un avion quand on se fait chier...

Il s'est arrêté un instant pour s'ouvrir une bière.

— *Anyway,* je te dis pas que c'est ça que tu devrais

faire, je dis seulement qu'il faut pas que tu te laisses mener par les événements. Faut que tu les provoques.

— Bon, t'es devenu Monsieur Positif, toi… Provoquer, provoquer… bon, d'accord. Mais je contrôle pas tout…

— T'en contrôles un paquet, il suffit que tu décides. Regarde… Tu veux plus aller à l'université? O.K.! Tu dis: je ne vais plus à l'université. Voilà. Et ça ne t'empêchera pas de changer d'idée, t'as pas à faire le deuil de quoi que ce soit quand tu décides quelque chose. À la limite, pour pouvoir changer d'idée, faut en avoir une au départ… Même chose pour Marlène: toi, qu'est-ce que tu veux? Tu retournerais avec elle, là, comme ça? Non, mais tu lui ferais confiance? Faut te demander, aussi, si tu serais prêt à te poser les questions qu'il faut, à essayer de comprendre pourquoi c'est arrivé… C'est pas un accident, hein…

— Ben oui, ben oui.

— Réfléchis… C'est une grosse commande.

Je le trouvais un peu impitoyable avec moi, Félix. Les questions qu'il soulevait, je n'avais pas envie de me les poser. Ça me convenait de laisser tout ça à Marlène.

— Et c'est quoi qui te donne cette sagesse, au fait? Tous tes succès amoureux?…

— Mes *échecs*, plutôt.

Il m'a adressé un grand sourire narquois. Ça lui plaisait bien de me la fermer, pour une fois. Il m'a tendu une bière, mais j'ai opté pour un autre café.

— Et puis alors, le Venezuela, c'était comment?

— Le Venezuela, c'était fou.

— C'est-à-dire…

— Un bordel pas croyable, j'ai jamais vu ça. L'équipement tombait en morceaux, les explosifs étaient pourris, ça s'engueulait… l'anarchie. J'étais là pour rien, les trois quarts du temps. Moi, je peux juste *blaster* si tout le reste marche comme il faut, t'imagines…

— T'es un peu la diva du chantier…

Il a ri.

— En tout cas, t'as l'air en forme, ai-je dit.

— Comment tu trouves la barbe?

— Je sais pas, mais avec tes lunettes rafistolées à la broche, t'as une gueule de guérillero zapatiste… l'intello de la bande, *anyway*.

— Un intellectuel zapatiste! a-t-il répété en s'esclaffant.

Félix était friand de ce genre d'image loufoque. Je m'étais toujours dit qu'il finirait concepteur de pub; il s'était fait dynamiteur. La fascination enfantine pour tout ce qui brûle, explose et fait du bruit, ça ne lui était jamais passé.

Félix devait dîner avec sa mère plus tard, mais il m'a demandé si ça me disait de sortir un peu. On s'est entendus pour du billard. C'était autour d'un tapis vert que notre amitié était peut-être la plus palpable. Le billard semblait être notre canal de communication. Pudeur masculine oblige.

J'ai mangé un peu et on est sortis. Félix avait réussi à remettre son camping-car sur la route, mais on a pris ma voiture, beaucoup mieux adaptée aux contraintes urbaines. On s'est trouvé une salle presque déserte, avec des tables impeccables.

Casser est un moment très zen, au billard. Il m'a toujours été impossible de déterminer les éléments qui produisent une bonne ou une mauvaise casse. Ce n'est pas strictement une affaire d'angle ou de force ; ça tient davantage à l'impulsion donnée à la blanche, et je dirais même que le sentiment joue pour beaucoup. Bien que cela puisse avoir une résonance ésotérique déplaisante, je suis convaincu que tout est dans l'attitude du joueur. Sans réussir à bien comprendre de quoi est faite cette attitude, j'ai en revanche constaté qu'il faut casser pour le geste en soi, en se concentrant précisément sur cela : le geste. Sans espérer empocher quoi que ce soit, sans craindre de sortir la blanche de la table. Comme l'archer bouddhiste, il faut assoupir ce désir, devenir le geste, l'arc, la flèche, la cible ou la baguette, la blanche et le triangle. Et en général, si je ne pense à rien, si je ne *veux* rien à l'instant de l'impact sur la blanche, si j'atteins cette fraction de seconde d'inconscience et de contemplation, je sais que le bris sera beau. Je devine l'éparpillement harmonieux, presque organique des billes, je pressens que l'une d'entre elles aura la politesse de trouver en bout de course une des six poches. Avant le premier choc, je sais cela. Peut-être que je raconte n'importe quoi aussi.

J'ai cassé. Empoché la onze au coin. Position délicate, peut-être la neuf par la bande.

— Où tu vas déménager, alors, Alex ?

J'ai fait la neuf en douceur. Félix a haussé les sourcils.

— Je sais pas. Faut que je me mette à chercher.

— Tu vas habiter seul ?

— Je pense bien.

La douze se faisait au coin, mais c'était un coup difficile, le long de la bande. J'ai joué un peu vite et je l'ai ratée. La douze, c'est le genre de bille qui vous fait des problèmes.

Depuis le temps que je joue au billard, j'ai fini par analyser les propriétés de chaque bille, apparemment identique aux autres, et j'en suis venu à croire qu'elles ont chacune leur personnalité. Par exemple : la deux se fait toujours mieux au coin ; la cinq est précise dans les coups en longueur ; la quinze se joue préférablement dans une poche de côté, et ainsi de suite. Je me dis parfois que j'exagère, m'entêtant ainsi à maintenir intactes mes croyances enfantines.

— Moi, je commence à penser revenir en ville.

— C'est pas pour te contrarier, Félix, mais t'as jamais habité en ville…

— Façon de parler.

Il a fait la quatre au coin. Un coup sec, avec un beau recul de la blanche pour revenir au centre de la table.

— Alors tu cherches aussi ?

— Ouais, mais je crois que j'achèterais plutôt que d'être locataire.

— Ah ! Parce que t'as de l'argent, toi, maintenant ?

— Un peu.

Félix en moyens, j'avais du mal à y croire. L'argent lui brûlait les doigts depuis que je le connaissais, et l'idée qu'il avait pu en mettre de côté avait quelque chose d'insolite. D'un coup puissant, il a expédié la deux dans une des poches du centre. La blanche a fait deux bandes, frôlant l'empochement, puis elle s'est alignée parfaitement sur la sept. Personnellement, je n'utilise pas beaucoup les bandes. Trop aléatoire. Je préfère risquer de sortir la blanche de la table sur un recul difficile. Question de contrôle. J'ai ainsi fini par mettre au point un jeu singulier et déroutant, un peu comme celui d'un gaucher au tennis.

— Et t'as combien en banque?

— J'ai rien encore, mais j'en attends…

Il m'a lancé une œillade rapide, un vague sourire sur les lèvres. Ce sourire, je le connaissais, c'était son petit sourire clandestin, celui qui dit qu'on a un carré d'as dans son jeu. J'osais mal imaginer comment il avait pu gagner cet argent, mais j'avais la désagréable impression que je n'approuvais pas. L'Amérique du Sud n'est pas particulièrement reconnue pour ses exportations de gruyère, disons. Il a expédié la sept au coin, puis la trois et la un en même temps sur un joli billard. Il a réussi la six sur une coupe invraisemblable. La cinq était impossible, alors il a joué n'importe quoi.

— Tu en attends… beaucoup?

— Je sais pas encore. Mais bon, c'est pas la question, je t'en reparlerai. La question c'est : ça te dirait qu'on cherche à deux?

— Ben… oui, euh… si on peut s'entendre sur ce qu'on cherche.

J'avais une belle table ouverte et dégagée. Félix a bien vu que j'allais la faire. J'ai pris mon temps et j'ai empoché toutes mes billes, puis j'ai fait la noire en regardant au plafond, ce qui irritait Félix un peu. Je faisais ça par arrogance, pour qu'il sente passer la défaite, lui qui avait cette faculté de perdre avec un flegme exaspérant. Je ne suis méchant qu'avec mes meilleurs amis.

— Moi, je pensais un grand truc tout nu, en béton, qu'on pourrait retaper, m'a-t-il dit en replaçant les billes.

— Mais attends… comment tu veux faire ça au juste? Tu achètes et je te paye un loyer?

— Quelque chose comme ça. Des détails, tout ça.

— O.K., j'ai dit, ça peut être drôle. Alors quoi, on cherche?

— On cherche.

J'ai songé en cassant que les choses semblaient se régler avec une grande fluidité autour d'un vert de billard. Félix disait rarement « billard »; il parlait d'*étude des collisions élastiques*. Il avait déjà essayé de m'expliquer le concept, mais il le comprenait lui-même de façon assez impressionniste. On a joué encore une dizaine de parties en discutant du futur appartement, sans rien conclure outre le fait que Félix voulait une moto suspendue au plafond et une baignoire sur pattes en plein milieu du salon. Et moi, un punching-bag et un hamac. Ce qui ne nous avançait pas beaucoup.

Après le billard, on est montés sur la montagne. Il faisait froid et on voyait à des dizaines de kilomètres. L'air était sec, il sentait l'hiver. On s'est assis sur le capot de la voiture et on a bu une bière sans se parler. J'ai songé que je m'éloignais de Marlène, que déménager avec Félix était un geste — le premier, vraiment — en ce sens. L'impression de dériver. Une petite panique têtue me barrait l'estomac, comme lorsqu'en mer on se rend soudain compte que l'on ne voit plus la côte. Félix m'a offert une cigarette du Venezuela. Un drôle de goût parfumé, avec un soupçon de clou de girofle.

— Bon, O.K., Félix, l'argent que t'attends, c'est ce que je pense? Ça me stresse, ton petit air de mystère…

Il m'a regardé de côté un instant, puis il a juste hoché la tête en souriant.

— Peut-être bien…

— O.K. Combien t'as ramené?

— Un kilo.

— Un kilo de *coke*? ai-je fait, incrédule.

— Ouais. Tu veux voir?

Il a plongé une main sous son blouson.

— Non! Je veux pas voir! T'es malade!

Félix s'est esclaffé.

— Tu y croyais! T'as marché à fond!

— T'es con... t'es trop con, tu m'as fait peur, merde...

— C'était trop tentant, je voyais bien que tu te faisais des idées... Faudrait que tu te voies, t'es blanc!

Et il continuait de rire, ce débile.

— Ben non, c'est de l'argent honnête, t'en fais pas... J'ai fait économiser à peu près un demi-million au contracteur et j'attends un chèque, c'est tout. Une sorte de bonus, si on veut.

— Et comment t'as réussi ça?

— J'ai avorté un *blast* qui aurait démoli une ligne de gaz de huit pouces et quarante mille lignes de téléphone en pleine jungle, t'imagines?... La ligne de sautage avait été montée par un gars de là-bas, qui connaissait rien du système qu'on utilisait. Il avait tout monté à l'envers, le con! J'ai eu un doute dix secondes avant que ça pète, un coup de chance. Et voilà, bingo!... Je vais voir Enzo, le contracteur, cette semaine. Il m'a promis un chèque quand je lui ai parlé au téléphone, il y a un mois. Je lui ai demandé pour rire si je pouvais commencer à me chercher une nouvelle voiture, et il m'a répondu: « *Mamma mia!* Cherche-toi une maison, *amico!* » Je figure que j'ai dû lui faire épargner un demi-million, au moins. Alors voilà l'histoire...

J'ai ri. On allait avoir une moto au plafond. Il me semblait que ça méritait une autre bière. On a bu ça et puis on est rentrés chez Martine. Félix avait des choses à faire, alors on s'est donné rendez-vous pour le lendemain.

17

Dégoûté soudainement par l'état de ma tanière, je me suis payé un grand ménage. Me sentant d'attaque, j'ai commencé par la tâche la plus répugnante, soit la vaisselle, qui trônait en un monstrueux amas sur le comptoir de la cuisine, et où se développaient depuis quelques jours des substances de plus en plus odorantes. Un brin d'aspirateur, un aller-retour à la buanderie et trois sacs d'ordures plus tard, je me sentais déjà un peu moins pathétique.

Je suis allé prendre un café au bar. C'était Louis qui travaillait, et on a discuté un moment. Contrairement à moi, Louis terminait avec une tranquille assurance son mémoire de maîtrise en histoire. Il m'a parlé de l'université et des derniers ragots qui y circulaient. J'ai appris avec amusement que Christophe, mon ancien directeur de mémoire, avait été destitué temporairement de ses fonctions à la suite d'une nébuleuse affaire d'attentat à la pudeur à l'endroit d'une étudiante de première année. Le connaissant, cela ne m'étonnait qu'à demi. Christophe était un individu machiavélique et excessif, toujours prêt à dépasser les bornes pour le seul plaisir *esthétique* de la chose. Il aimait tester les limites, pousser les gens dans leurs derniers retranchements, histoire de voir de quoi ils étaient faits. Cela le grisait. Cette affaire d'attentat à la pudeur n'était d'ailleurs sans doute qu'une de ses fantaisies cérébrales, dont il avait simplement mal jaugé la portée. Curieux ami, doté d'une intelligence perverse et sauvage, et pourtant d'une maladresse sociale ahurissante, maladresse qui me le rendait presque attendrissant. Car il avait des instants fragiles, Christophe, des instants où sa solitude immense, une solitude de gamin, perlait à la surface de son armure. J'ai l'œil pour ces choses.

Pour d'obscures raisons, Christophe ne s'était jamais attaqué à moi, tandis qu'il prenait un plaisir féroce à déboulonner les étudiants qui avaient l'inconscience de travailler sous sa direction. Comme si, dans ce petit troupeau, il lui plaisait d'avoir un allié, un ami, dans les limites manifestement restreintes de ce que ce concept — l'amitié — pouvait signifier pour lui. Il n'était pas particulièrement doux avec moi, mais il se montrait d'une honnêteté intellectuelle sans faille. De sa part cela tenait en effet du privilège, tant il avait élevé sa mauvaise foi en art, fort de la conviction que quiconque n'arrivait pas à percer le blindage de sa rhétorique retorse ne méritait rien de lui.

Cela dit, il avait fini par me faire le coup à moi aussi, à peine six mois plus tôt, dans un bar latino où il nous arrivait de nous rendre à la sortie des cours. Après quelques tequilas, il s'était mis à me dire que je menais une vie peureuse, que j'étais un pantouflard qui ne ferait jamais rien de bon, tant et aussi longtemps que je vivrais dans mon petit confort tiède, tant que je ne serais pas placé en situation d'urgence. Je l'avais laissé faire, sachant trop qu'il ne cherchait qu'à me provoquer et bien résolu à ne pas lui faire cadeau de mon irritation.

— Au fond, t'es un planqué fini, Alex, m'avait-il dit. Ce qu'il te faudrait, c'est que tu foutes ta vie en l'air un peu…

— Que je foute ma vie en l'air… Ben oui, c'est ça, Christophe…

— Non, non, c'est vrai, écoute… T'es une sorte de planeur, tu te laisses porter. Il te faut un petit orage, quelque chose pour te secouer. Je sais pas, il me semble que tu te gaspilles…

J'avais ricané.

— D'accord, Christophe, alors qu'est-ce qu'il me faudrait, hein? Dis-moi… Tu voudrais que je me casse une jambe, que je perde mon boulot, quoi au juste?

— Non, non, rien comme ça. Je parle pas d'accidents, de trucs idiots. Je pense à quelque chose comme… comme de la vraie adversité, tu vois? Quelque chose qui ébranle les fondations…

— Alors qu'est-ce qu'il me faut, Christophe?…

Il n'avait pas hésité un instant.

— Que tu quittes Marlène, tiens. Ou alors qu'elle te quitte. Ça, je pense que ça te rendrait plus intelligent… Tu vois, la stabilité, ça rend con.

Il m'avait regardé avec une sorte d'insistance tordue, sa tête de rat figée en un rictus malveillant. J'avais réussi à conserver un vague sourire, mais ça me coûtait. Il n'était pas question de lui laisser voir qu'il touchait un nerf, il aurait jubilé.

— Regarde-toi, Alex! Je te dis une horreur et tu restes là sans rien dire, ça ne te fait pas un pli. Ça devrait te mettre en colère, non? T'as pas envie de me mettre ton poing sur la gueule? Ben, non, t'es là comme une statue de marbre. C'est beau du marbre, mais ça devient lassant à regarder...

— Pourquoi je m'énerverais, Christophe? T'as aucune idée de ce dont tu parles. C'est pas agressant, non...

Je m'étais envoyé une autre tequila.

— ... à la rigueur, c'est risible, avais-je conclu.

À ce moment, Christophe avait eu un geste surprenant: il m'avait giflé. Puis il avait reculé d'un pas et il m'avait observé. Ahuri, je m'étais esclaffé.

— C'est tout? Tu vas me laisser te gifler, comme ça, en riant?

— C'est pas la claque qui me fait rire, c'est toi. Tu crois que tu me fais violence, que tu vas me faire sortir de mes gonds, mais j'embarquerai pas. Ça te donnerait raison... Et puis tu sais pas ce que c'est, la violence. T'en as une idée, c'est sûr, une belle idée, t'en as un beau concept luisant. Mais tu sais pas ce que c'est...

Il m'avait giflé de nouveau. J'avais juste serré les mâchoires une seconde et j'avais continué ma phrase comme si de rien n'était.

— La violence, Christophe, c'est pas ça, ça n'a rien à voir avec ton... ton petit cirque...

— Parce que toi t'as une idée de ce que c'est vraiment?...

111

J'avais porté la main à mon visage et appuyé sur le côté de mon nez, du bout du doigt. À dix-sept ans, on me l'avait fracturé pour la troisième fois, dans une bagarre, et il ne me restait que des miettes de cloison nasale, ce qui donnait à la chair une souplesse plutôt répugnante.

— Tu crois que j'ai eu un nez pareil à force de lire Nietzsche?

J'avais cru bon d'omettre que les deux premiers agresseurs en cause étaient un frisbee à cinq ans et un radiateur à douze ans.

— Très impressionnant, Alex… Accident de ski? Malformation congénitale?

— Mais qu'est-ce que tu me veux, merde? Tu penses que t'es en train de m'enseigner quelque chose, tu veux me donner le goût du sang? Comme si t'avais la moindre idée… Tu penses que ça va me révéler quelque chose, tout ça? Mon poing sur la gueule, c'est pas de la littérature. Ça arrive sec, tu vois rien, tu te retrouves sur le cul et t'as mal à la tête. Et le plus triste, c'est que ça ne va rien m'apprendre… Laisse tomber.

J'avais enfilé mon blouson. Je trouvais que ça commençait à faire. Christophe me mettait de mauvaise humeur avec ses provocations. C'était son but, bien sûr, mais mon énervement n'avait rien à voir avec ce qu'il me disait, à vrai dire. Non, ce qui me puait au nez, c'était toute l'arrogance en toile de fond, cette audace qu'il avait de discourir sur des choses dont il n'avait que des notions aussi partielles qu'abstraites. Et puis me parler de Marlène, du haut de son célibat pathologique, ça tenait de l'outrecuidance. Sans compter que derrière tout ça, derrière son petit côté ludique, derrière son goût du scandale, il y avait de l'envie, aussi. Et rien n'est plus dangereux qu'un envieux.

— Salut, Christophe.

J'étais sorti sans lui laisser le temps de revenir à la charge. J'avais fait quelques pas sur le trottoir quand il s'était mis à bramer derrière moi.

— Alex!

Je ne m'étais pas retourné, j'avais seulement fait un vague salut de la main. Soudain, une bouteille de bière m'avait frôlé la tête et s'était fracassée quelques mètres devant moi. Je m'étais arrêté net. Puis de nouveau, la voix déraillante de Christophe.

— Alex! T'es vraiment trop *mature...* c'est dégoûtant!

J'avais fait demi-tour, sans dire un mot. Trois pas et j'étais devant lui. Je lui avais envoyé mon poing dans le visage. Pas trop fort, pas un grand coup d'enragé, un petit coup sec, un coup de poing argumentatif, rien de plus. Il avait titubé, complètement désorienté. La tequila y était sans doute pour quelque chose.

— Là, Christophe, t'as pas vraiment mal, pas vraiment peur. T'es surpris, tu te demandes confusément ce qui vient d'arriver...

Il reculait d'un pas hésitant. J'avais continué à avancer sur lui.

—... et l'impression dominante en ce moment, c'est que soudain, tu voudrais un temps d'arrêt, hein? Parce que t'étais pas prêt à ça, ton corps était pas prêt à ça. Mais tu vois, mon jeu à moi, c'est de pas te laisser reprendre tes esprits...

Et je lui en avais mis un autre, un vrai cette fois. Il était tombé à la renverse. Je l'avais fixé dans les yeux. Une certaine panique faisait vaciller son regard. Je m'étais accroupi à côté de lui.

— C'est décevant, hein? Rien de bien sublime, tu vois… Et puis attends!… C'est pas vraiment fini, parce que demain, tu vas t'en vouloir de ne pas avoir réagi autrement, de t'être fait casser la gueule sans résistance aucune… Tu vas te rejouer le scénario des dix dernières secondes, là, tu vas le rejouer, le réécrire, pauvre con! penser à toutes les ripostes que t'aurais pu produire, et tu vas t'en vouloir. Ça va te bouffer l'esprit pendant des jours, comme un petit cancer. Tu vas avoir honte, une petite honte fielleuse. Tu vas voir, c'est très désagréable. Bonne nuit.

Je m'étais remis debout et j'avais repris mon chemin. Je m'étais dit qu'il fallait que je change de directeur de mémoire, mais alors là, vraiment.

18

Avant même d'avoir des armoires de cuisine et une porte pour la salle de bains, nous avions une moto suspendue au plafond. Félix avait déniché l'engin dans l'arrière-cour d'un garagiste de campagne qui réparait son camping-car ; il avait payé cinquante dollars pour la vieille Honda CB Custom irrécupérable. Après quelques coups de chiffon, elle avait presque de la gueule, avec son réservoir cabossé et le cuir rapiécé de sa selle. Fixer les ancrages au béton armé du plafond, quatre mètres plus haut, et y hisser la moto nous avait pris une journée entière et cinq aller-retour à la quincaillerie, mais ça en valait la peine. À quatre heures de l'après-midi dans les dernières lueurs du jour, l'effet était d'une incongruité saisissante. Une bière à la main, nous avions décidé que cette zone dangereusement surplombée serait le salon, baptisant du même souffle cette aberration *La Honda de Damoclès*.

Je menais une vie de plus en plus étrange.

Félix avait trouvé l'appartement quelques jours seulement après notre conversation et l'avait eu pour une somme dérisoire. Et pour cause : hormis les commodités de base telles l'électricité et la plomberie, tout était à refaire. Curieusement, la perspective d'un hiver entier de labeur manuel m'enthousiasmait. Quoi que l'on puisse en penser, la manipulation d'une scie circulaire ou d'une sableuse rotative a quelque chose de grisant. Transformer la matière autour de soi reste un de ces rares plaisirs humains fondamentaux, plaisir d'autant plus intense qu'il semblait, pour moi, contrebalancer ce que je commençais à considérer comme une tragique incompétence à vivre avec les gens et à en extraire un peu de bonheur. Devant une belle coupe droite dans une feuille de gypse, je regagnais un peu de cette sérénité qui s'était échappée de moi par de larges brèches acérées.

Comme une comète suivant sa trajectoire elliptique, Camille revint dans mes parages. Elle n'était jamais vraiment disparue, à vrai dire, mais nous avions mis un certain temps à apprivoiser l'idée de n'être que copains. Elle passait à l'appartement de temps à autre, toujours curieuse de voir où en étaient les travaux. Depuis l'ascension de la moto, elle nourrissait un intérêt manifeste pour nos frasques décoratives et vouait, sur ce plan, rien de moins qu'un culte silencieux au génie de Félix.

Au début de décembre, notre appartement était devenu à peu près habitable, il y avait une douche, une cuisinière à gaz, un frigo et une table de cuisine. Je dormais toujours dans mon hamac, au milieu d'un véritable chantier, mais les choses prenaient forme. L'air de rien, un mois de rénovations m'avait remis dans une forme appréciable, sans compter que j'avais acheté le punching-bag que je m'étais promis. Baptisé Jean, il se prenait une raclée féroce tous les matins. Je ne sortais à peu près jamais de ce cocon, sauf pour aller travailler au bar trois soirs par semaine, et l'épicier du coin me livrait ma bouffe et mes cigarettes. Je chauffais le logement comme un dingue, ce qui me permettait de passer mes journées en salopette et en sandales. Du haut de mon quatrième étage, par les grandes baies vitrées, on voyait la ville recouverte de neige, et j'avais froid pour les passants qui se pressaient aux arrêts d'autobus, la tête calée entre les épaules. Et c'est avec une arrogance enjouée que, vêtu d'un short, je m'installais à la fenêtre pour prendre mon café du matin et griller ma première cigarette.

Félix s'était remis à travailler, ce qui me laissait seul chez nous le plus clair du temps. On avait eu besoin de lui de toute urgence sur un chantier au centre-ville, et même si Félix disait n'avoir jamais connu de conditions de travail aussi pourries, il s'était senti bien incapable de refuser quoi que ce soit à Enzo. Alors, tandis que Félix pataugeait au milieu de ses tranchées inondées dans le vacarme des foreuses, je posais de l'éclairage halogène en écoutant du Bach. En fin d'après-midi, je troquais mes outils contre des casseroles et je préparais à manger. Félix m'avait déjà dit que mon humeur se mesurait au soin que j'apportais à la cuisine, et je devais admettre qu'il ne se trompait pas. Il y a des choses comme ça, des activités auxquelles on ne prend plaisir que dans une relative sécurité matérielle et affective. Cuisiner était une de ces choses, un de ces luxes de l'existence. Jamais il ne me serait venu à l'esprit de préparer des carrés d'agneau dans l'appartement de Martine, ç'aurait été comme de m'offrir une manucure en plein cœur du Sahara. Je n'ai pas ce flegme.

Un soir, j'ai décidé de nous cuisiner un saumon, en l'honneur du fait que j'avais terminé les planchers dans la journée. Ce n'était pas rien. Deux cents mètres carrés de lattes de pin, sablées six fois, débarrassées d'environ cinquante ans de saletés, de peinture et de laque, puis enduites d'une quarantaine de litres de vernis au latex, en quatre couches, plus un ponçage léger avant la dernière couche. Soixante heures de travail, au bas mot. J'ai fait cuire le poisson en papillote, avec un trait d'huile d'olive, quelques quartiers de lime et une branche de thym. Il faut faire attention avec le thym, ça peut couvrir entièrement les goûts plus fins. Avec le saumon, le risque est moins grand, mais tout de même. C'était d'ailleurs ma plus grande tare en cuisine : ce que je nommerais la surtransformation. Cela dit, mon beurre blanc à l'échalote était excellent et Félix était enchanté, particulièrement par les planchers. Quelques cloisons à ériger, un brin de peinture et l'état de siège toucherait à sa fin. Après la seconde bouteille de blanc, on a décidé qu'il nous fallait un mur de briques, et on s'est mis à calculer ce qu'il pourrait nous en coûter à vue de nez. Soudain, Félix s'est frappé le front.

— Attends ! Attends, je sais !

— Quoi, tu sais ?

— Je sais où il y a de la brique !

— Ben, moi aussi… c'est pas exactement un article rare, hein…

— Non, non, tu comprends pas ! De la brique *gratuite*, mon pote…

— Ah...

— Ben oui! Le chantier pas loin, tu sais, où ils sont en train de bâtir des condos...

— Tu veux aller piquer de la brique en pleine ville, toi?

— Piquer, piquer... C'est une blague, on bourre le camion, cinq minutes, on repart et c'est fini. Zip-zap.

Félix avait de ces éclairs d'exaltation délinquante, devant lesquels je me trouvais toujours ambivalent. D'ailleurs, et même si j'y avais cru quelques secondes, cette histoire de coke ramenée d'Amérique du Sud, ça lui ressemblait très peu. Trop banal, trop utilitaire. Piquer un aspirateur de rue durant le Festival de jazz, ça oui. Se sauver d'une addition de huit dollars en passant par la fenêtre des toilettes d'un restaurant minable. Voler un mouton dans un pâturage, défoncé au bourbon, et le relâcher dans le carré Saint-Louis, c'était aussi son genre. Finalement, la brique, ce n'était pas nécessairement un premier prix de fantaisie, mais ça avait son charme, alors j'ai accepté.

On s'est habillés, on s'est équipés de quelques outils — au cas où — et on a trouvé de bons gants. Il faisait doux, il tombait une neige humide qui fondait sitôt qu'elle touchait le sol. Le camping-car a rechigné au démarrage et cela m'a semblé de mauvais augure, mais l'heure n'était plus à l'hésitation. L'heure était au crime.

Après un repérage sommaire des lieux, on a garé le camion à deux mètres de l'amoncellement de briques qui, effectivement, paraissaient toutes offertes à notre convoitise. Le chantier était résolument désert et toute la rue semblait endormie. Sans plus tarder, nous avons ouvert la portière à glissière et nous sommes mis à y jeter les briques, pêle-mêle. Ça faisait un vacarme d'enfer, malgré la vieille moquette qui recouvrait le fond du camion, et nous craignions à chaque instant que ne s'allume une des fenêtres des immeubles voisins. Un mauvais lancer de Félix a heurté le rebord de la portière, ce qui m'a fait sursauter.

— O.K., O.K.! on en a assez! Tu viens de réveiller la moitié du quartier… On y va, go!

— Encore une trentaine, du calme, ça va prendre deux secondes…

Sur ce, il a balancé une autre brique, mais cette fois avec un manque de précision ahurissant. On a regardé la brique décrire une longue courbe inexorable, puis s'abattre en un fracas monstrueux au beau milieu du pare-brise. Elle n'a pas tout à fait traversé l'épaisse vitre et sa pellicule de plastique, de sorte qu'elle y est restée bien fichée. Une fenêtre s'est éclairée au deuxième, juste en face de nous, puis une autre. Et une autre. Pétrifié, je n'ai pas entendu Félix qui me pressait de monter dans le camion. Ce n'est que lorsque j'ai perçu le mugissement du moteur que je me suis arraché à la contemplation de notre situation. J'ai bondi sur mon siège et Félix a passé la première. Les roues ont patiné dans la neige mouillée.

— Nooonnnnn… ai-je murmuré, incrédule.

Félix a embrayé en marche arrière et il est parvenu à sortir les pneus des ornières, puis, en jouant du volant, il a réussi à ramener le camping-car sur l'asphalte. Des visages intrigués apparaissaient un à un aux fenêtres avoisinantes, et je me suis mis à souhaiter très fort que la plaque minéralogique s'avère illisible. Nerveux, Félix a fait caler le moteur. Le démarreur s'est fait prier pendant quelques secondes interminables, et nous avons enfin décampé à pleins gaz, dans un crissement humide. Après deux cents mètres, voyant que nous n'étions pris en chasse par personne, Félix a respiré un peu et il a actionné les essuie-glaces, car on n'y voyait plus rien. Mais un moteur d'essuie-glaces peut éprouver de la difficulté si une protubérance trop importante se trouve à gêner la course des balais. Notamment, chose évidente, une brique. Avant même que nous ayons pu prendre conscience de l'ampleur de la connerie, le petit moteur électrique a poussé un gémissement atroce, une longue plainte grinçante, suivi d'un claquement sourd. Exténué et au bord de la crise d'apoplexie, je me suis esclaffé d'un rire ignoble, incontrôlable. Heureusement, Félix s'est mis à rire à son tour.

Si charger quatre cents briques nous avait pris un peu moins de quinze minutes, monter ces mêmes briques au quatrième étage, même en nous servant du monte-charge, nous a pris deux heures. Lorsque je me suis affalé dans le hamac, je pouvais sentir mon dos fomenter sa vengeance. Pour le faire taire, j'ai débouché une belle bouteille de scotch que j'avais réussi à épargner jusqu'à ce jour. J'en ai versé deux solides verres et en ai tendu un à Félix, aussi avachi que moi. J'ai contemplé avec un certain étonnement l'amoncellement de briques qui trônait au milieu du salon.

— Au mur de briques! ai-je dit en levant mon verre.

— Et à mon pare-brise... Paix à son âme!... Et c'est quoi, ce qu'on boit?

— C'est le prince des whiskies. Goûte.

J'ai humé le liquide ambré. Ce scotch me rappelait le miel de trèfle, et en fermant les yeux, je me retrouvais couché dans une de ces vertes vallées écossaises, ma peau chauffée par le soleil tiède des latitudes boréales. Un fjord en contrebas, un iceberg bleu flottant dans son anse.

J'aurais bien aimé être écossais, je crois. Parler avec cet accent dur et chantant, ses inflexions abruptes, ses consonnes escarpées. Porter le kilt sans rien en dessous et avoir des mollets de joueur de rugby, qui vous plantent dans le sol comme un chêne centenaire. Des mollets qui vous empêchent de douter de votre force, contre vents et marées. Il avait tout pour lui, ce scotch, même une petite finale salée, trois fois rien, qui dit que la mer n'est jamais loin, et que par gros temps ses bruines fouettent le bois des tonneaux. Des tonneaux de chêne venus d'Espagne, pleins de sherry…

— Ouais, il est pas mal, a finalement dit Félix en sifflant entre ses dents. Alors, c'est quoi?

— Macallan. Vingt-cinq ans.

C'était un cadeau de Marlène, pour notre quatrième anniversaire de mariage. Moi, je lui avais offert un singe en peluche.

19

Le lendemain, en revenant du bar, j'ai trouvé Félix couché dans mon hamac. Il m'a salué mollement. J'ai haussé un sourcil en passant entre lui et la télé. Il était cinq heures du matin et Félix surfait, inerte, entre trois info-pubs et deux documentaires. Je suis passé au frigo me préparer une sorte de repas, comme je le fais toujours en rentrant du boulot. Du fromage, du jambon, un œuf dur, un reste de saucisson, et un concombre pour me donner bonne conscience. Avec une bière, pour les bulles. Je me suis installé à côté de Félix.

— Bonne soirée au bar ?

— Correcte.

Je me suis tranché un morceau de saucisson, j'ai bu une longue gorgée de bière. Ça m'a piqué dans le nez un peu.

— Pis toi ?

— Pff… Il y a un ouragan qui s'amène vers les côtes de Floride. S'appelle Hortense…

Il a zappé sur le canal météo. En effet, il y avait une belle image satellite d'Hortense, avec un gars en complet brun qui expliquait le phénomène en traçant de petits cercles de l'index.

— C'est un bon? ai-je demandé.

— Deux cents et quelques kilomètres-heure, ouais.

— Solide.

Pour varier un peu, ils nous ont mis des images d'archives d'Andrew, ce magnifique salopard qui avait coûté un milliard aux Américains. Puis d'autres images, *live* celles-là, qui montraient des maisons barricadées avec de grandes feuilles de contreplaqué, ornées de semonces dérisoires à l'endroit du cataclysme. « *Stay away, Hortense!* » pouvait-on lire en grosses lettres écrites à la hâte. Ils n'avaient qu'à déménager au Montana. Si j'étais Hortense, c'est les premiers toits que j'arracherais. Histoire de leur apprendre la politesse.

— Tu travailles pas demain?

— Non. Les tranchées sont inondées. On peut rien charger.

— Vous avez pas d'explosifs imperméables?

— C'est pas le problème, le problème c'est de les foutre dans les trous. Pas possible, faut assécher.

— Ah.

On s'est rebranchés sur les images d'Hortense. Félix n'avait pas l'air d'aller très fort. Ce n'était pas seulement le canal météo à cinq heures du matin qui me donnait cette impression; il y avait une lourdeur particulière dans son hébétude, un accablement subtil.

— Sûr que ça va ?

— Pff...

— Oh, oh. C'est quoi ?

Il a ruminé un moment en triturant sa barbe.

— C'est Lisa.

Lisa était l'ancienne copine de Félix. La première fille avec qui il avait couché. Il y avait huit ans que ça s'était terminé, mais s'il arrivait à Félix de mentionner le nom de Lisa, c'était toujours au présent. C'était une de ces histoires curieuses, qui ne se terminent jamais, qui endurent, et perdurent sous un toit de glace, dans l'attente obstinée d'un printemps qui ne vient pas. Lisa, c'était un peu sa guerre de Cent Ans, à Félix, son Viêtnam du cœur.

Hortense gagnait en férocité de minute en minute.

— Ouais, alors quoi, Lisa ?

Félix fixait l'œil de l'ouragan d'un air absent.

— J'ai croisé sa cousine dans la rue, ce soir. Tu sais, la folle...

Il louvoyait. J'ai pelé le concombre. Il y avait des années que je n'avais pas vu Lisa. Elle était avec un gars dans la quarantaine depuis un moment, un ingénieur. Un type sympathique. Ils avaient acheté une maison ensemble. Félix avait refait la toiture, une faveur.

— O.K., alors t'as croisé la cousine et...

Il m'a regardé dans les yeux un instant, sans me voir, puis s'est retourné vers Hortense.

— Lisa est enceinte.

J'ai vu le gouffre. Ma gorge s'est resserrée. Et pourtant, ce n'était rien. C'était la vie, qui se déroulait bêtement, sans surprise. La vie, celle qui nettoie derrière soi les miettes de pain qu'on a laissées tomber. Le vent et les traces du loup dans la neige. Ce n'était rien.

— Pff...

— Ouais. Crisse.

« L'évacuation a débuté ici, moins de trente-six heures avant l'arrivée prévue de l'ouragan, qui, selon les experts, pourrait atteindre la puissance du terrible Andrew. Andrew qui, on s'en souvient, reste la catastrophe naturelle la plus coûteuse de l'histoire des États-Unis et avait forcé l'exode de plus d'un million de résidants... »

Les Caraïbes en prenaient déjà plein la gueule.

— Félix... T'es déjà allé en Floride?

— Non.

— Moi non plus. Les billets doivent être donnés, en ce moment, non?

— Tu parles! Ben, si les aéroports sont encore ouverts...

— On y va?

Il m'a dévisagé, interdit. J'ai imaginé la plage, l'océan furieux, Félix et moi, assis sur une caisse de Bud aux premières loges, arrimés à un palmier avec de la corde d'escalade. Le vent démentiel, comme rien de connu, qui rugit comme un Boeing, arrache les toits, soulève les voitures, et dépose les beaux voiliers des millionnaires dans des champs de coton.

J'ai tiré une pièce de monnaie de ma poche.

— Pile, on y va.

— T'es malade.

— Ben voyons. Pile, on y va?

— *Cool.*

J'ai lancé la pièce dans les airs. C'était parfaitement

sérieux, on le savait trop bien. Plutôt crever que de se défi-
ler. Ça se jouait bien au-delà du principe, de l'honneur ou
d'une sottise de ce genre. Une histoire de *fibre*.

— Face.

— Fuck.

Je n'étais pas soulagé. Je me faisais peur.

— C'est con, pour Lisa.

— Eh. C'est la vie.

Félix a souri. J'ai souhaité ne jamais avoir ce sourire, ce
courage.

20

J'ai passé Noël en famille, comme tous les Noël de ma vie. Je redoutais un peu l'apitoiement diffus dont je ne manquerais pas de faire l'objet, mais les choses se sont plutôt bien passées. Il y a bien sûr eu ma tante pour trouver que j'avais maigri, comme chaque année. À l'en croire, je m'étais mis à maigrir à dix-huit ans, et je serais bientôt un phénomène de foire. Ce genre de remarque m'horripilait toujours, mais sachant pertinemment que j'avais pris du poids, je n'en ai fait aucun cas. Et en général, ma famille a eu la clairvoyance de s'en tenir à un délicat silence, à peine compatissant. Je réagissais très mal à la commisération, et ces gens-là, au moins, le savaient. Ma tante, en sa qualité d'astrologue en herbe, a même rabroué ma grand-mère qui s'inquiétait pour moi, déclarant qu'il ne fallait jamais prendre un lion en pitié. Je l'ai laissée dire.

À l'été, au pôle absolu du désarroi, j'avais fondu en

larmes devant mes parents. Comme faiblesse affichée, ça me suffisait amplement pour une vie. J'étais l'aîné, le roc, et d'avoir dérogé un instant à cette image m'avait empli d'une gêne insoutenable, une honte de gamin. Car j'avais le don de mettre les sentiments trop vifs en incubation, de les oublier un moment dans un sombre cachot de mon esprit, le temps que les couleurs pâlissent ; cette fois, j'avais échoué, je m'étais décomposé et je m'étais bien dit que l'on ne m'y reprendrait plus. Je n'avais pas la prétention de penser que cela était nécessairement sain, mais c'était moi.

Pour la première fois depuis une dizaine d'années, j'ai accompagné mon père à la messe de minuit. Il faisait très froid et il tombait une petite neige sèche, presque minérale. Marchant vers l'église du village, j'ai tenté de me rappeler la dernière fois que j'avais franchi ses grandes portes voûtées et je n'y parvenais pas. Je me souvenais très bien, en revanche, du sentiment malin qui m'animait, adolescent, en pénétrant en ce lieu. Il n'était pas question que j'y enlève mon chapeau, que je m'y mette à genoux ou que j'y murmure, la tête basse, le moindre *amen*. Ah ! l'indicible jubilation lorsqu'un brave paroissien me décochait une œillade mauvaise. Et j'en rajoutais même, gloussant pendant les passages particulièrement niais du sermon, me curant les ongles avec une allumette en sifflotant entre mes dents.

La patience de mon père.

J'ai mis du temps à comprendre que le profond respect dont témoignait son recueillement pendant ces offices n'était pas adressé au crucifié derrière l'autel — au demeurant un type plutôt sympathique —, à la soutane de l'autre demeuré ou aux icônes kitsch qui surchargeaient ce décor ronflant. Ce que j'avais pris chez lui pour un vestige irrationnel de son enfance était bien autre chose. Il avait un respect simple des gens, de leurs rituels. Il ne s'agenouillait pas devant quoi que ce soit, il s'agenouillait aux côtés de ces gens. Lorsque je m'étais rendu compte de cela, je m'étais senti parfaitement idiot et j'avais abandonné mon pathétique numéro d'hérétique à chaque Noël. Ça ne me disait plus du tout, soudain, d'aller me moquer de la foi de ces gens, aussi bête ou hypocrite pût-elle me paraître.

N'empêche, j'aurais préféré une messe en latin ; j'aurais souhaité me laisser bercer par de jolies phrases pieuses auxquelles je ne comprenais rien, dans une illusion volontaire prêtant à ce charabia une portée philosophique profonde. En swahili, en portugais, en mandrill, qu'importe, mais pas en français. Néanmoins, je me suis mis à genoux avec tout le monde, les dents serrées, murmurant secrètement à Jésus qu'il n'avait rien à voir dans cette histoire. Durant une fraction de seconde, j'ai cru voir sourire mon père, qui savait bien ce que tout ça me coûtait. J'ai même prononcé un *amen* ou deux, pour bien faire. *Amen,* de l'hébreu, signifiant « ainsi soit-il » et voulant dire, au fond, « aussi bien crever tout de suite si on ne peut rien à rien ». O.K.

Passé ce mouvement d'orgueil, je me suis apaisé, et j'ai même fini par trouver à tout cela un certain charme suranné. À la longue, l'intransigeance est lourde à porter. Et bien que cela me paraisse horriblement kitsch, j'ai décidé que Noël était un moment choisi pour abaisser ma garde un brin.

Après la messe, mon père a discuté un peu avec des voisins, sur le perron de l'église. J'ai salué quelques per-

sonnes de mon âge avec lesquelles j'étais allé à la petite
école. Christian, mon meilleur ami quand j'avais dix ans.
Il avait repris la ferme de son père et il roulait dans une
grosse Buick marron. Marié, trois enfants.

— Alors, Alex, qu'est-ce que tu fais de bon ?

Je déteste cette question ; comme si on était la somme
de ce que l'on fait. C'est réducteur, sans compter que ça ne
m'avantage pas beaucoup.

— Ben, rien de bien excitant, vraiment…

— Toujours aux études ?

— Ouais, je finis ma maîtrise.

Je n'avais aucun scrupule à lui mentir, si ça pouvait
m'éviter des explications que je n'avais nulle envie de four-
nir.

— Eh ben… a-t-il fait, l'air un peu impressionné.

S'il avait su à quel point tout cela me semblait futile et
stagnant, à quel point j'avais peu de respect pour ces
choses, lire quelques bouquins, écrire quelques pages pour
ne rien dire, me lever quand ça me disait, ne pas avoir la
moindre responsabilité, il n'aurait pas fait cette tête. J'avais
devant moi un type qui se levait à cinq heures tous les
matins, qui conduisait des tracteurs de quinze tonnes,
amenait ses enfants à leurs cours de piano, de ballet, et qui,
le connaissant un peu, ne s'en plaignait strictement jamais.
Moi, ce que je savais faire de plus utile, c'était un dry mar-
tini.

— Alors, tu vas enseigner ?

— Quoi ? Ah… Peut-être. Pour le moment, je suis
barman. Et toi, ça va ?

— Oh… petite vie. La ferme, les enfants, tu sais ce que
c'est…

Non, mon pote, je n'ai aucune idée de ce que c'est. Aucune.

— Ouais… et ça marche bien, euh, tout ça ?

— Ah, j'ai pas à me plaindre, a-t-il fait, le regard vague.

Sa femme, un bébé dans les bras, lui a fait signe qu'il fallait rentrer. Une jolie fille. J'avais eu un cours de maths avec elle, au secondaire.

— Ça m'a fait plaisir, Alex. À bientôt…

— Salut, Christian. Content de te revoir…

Christian s'en est allé dans sa grosse Buick brune. Puis j'ai croisé le regard d'Isabelle. Ah ! Isabelle. Toute mon enfance durant, je l'avais aimée d'un amour timide et entêté. Elle aussi, mais naturellement je l'avais su trop tard ; nous avions déjà pris des trajectoires divergentes. Elle avait appelé son fils Alexandre et, si je me trouvais secrètement flatté par cela, un petit garçon en moi considérait la chose comme une sombre farce. Sur le perron de l'église, à travers cette petite foule paresseuse, je lui ai envoyé la main, timidement comme toujours, elle m'a souri un instant, le gamin dans ses bras. J'ai fait signe à mon père qu'il me tardait de partir.

Christian et moi, on avait fait un pacte, un jour. C'était dans la cabane qu'on avait construite dans un arbre, près de chez moi. Un pacte comme en font tous les enfants de dix ans je suppose, celui d'être copains pour la vie, scellé au prix d'une entaille au canif dans la paume de la main. J'avais triché un peu, parce que je m'étais déjà éraflé la main sur un clou. En fait, je crois même que c'est en constatant cela que j'avais eu cette idée du pacte. Christian, lui, s'était vraiment ouvert la main avec la grande lame de mon couteau suisse, un modèle « campeur », avec la petite scie, et des larmes lui étaient venues aux yeux. Nous avions juré, avec toute la solennité dont nous étions capables, que quoi qu'il advienne, nous serions toujours les meilleurs amis du monde. Et pourtant, j'avais eu cette intuition très forte que je mentais, que dix mille choses que je ne connaissais pas encore, mais dont je devinais l'existence quelque part dans les replis de l'avenir, nous sépareraient. Ce soir-là, pendant le repas, après avoir ruminé longuement la question, j'avais parlé à mon père.

— Papa, t'avais un meilleur ami quand tu avais dix ans ?

Il m'avait souri.

— Oui. Il s'appelait Robert Gagné.

— Et tu le connais encore ?

— Non, il est mort il y a deux ans.

Je m'étais senti tout drôle, méchant peut-être. Mais il fallait que je sache.

— Mais tu le voyais encore quand il était vivant ?

— Bien, je l'avais revu, il y a cinq ans, oui.

Cinq ans ! Et il appelait ça son ami ?

— Mais c'était plus vraiment ton ami.

Il s'était pincé le menton un moment, comme toujours lorsqu'il soupèse les mots à prononcer.

— Non… plus vraiment. Mais tu sais, ça n'enlève rien à…

— C'est con, avais-je coupé.

Je ne savais trop au juste ce qui était con, précisément. Je déposais simplement une plainte confuse contre la vie, contre le temps, contre l'oubli. Des saloperies que je ne savais pas encore nommer. Mon père avait haussé les sourcils, il avait juste répondu : « Oui, c'est con. » Au moins, il comprenait ce que je voulais dire.

On est rentrés de la messe par le chemin des cailloux, sans se presser, malgré le froid. On ne s'est pas parlé, mais il y avait nos pas qui crissaient dans la neige fraîche, le vent dans les sapins. On ferait un feu de foyer en rentrant, tout à l'heure. Il me laisserait l'allumer, comme toujours, en me disant que j'allais étouffer la flamme en m'y prenant de la sorte. Le feu prendrait quand même, comme d'habitude. « Ah… j'aurais cru… » murmurerait-il en souriant.

21

Assis tranquillement au bar un soir de février, je sentis, ou plutôt je constatai clairement, que ma vie redevenait à peu près normale. Mon appartement avait l'air d'un appartement, mon boulot d'un boulot et moi-même je reprenais forme humaine. Un ennui rassurant, que j'oserais qualifier de sérénité, s'insinuait lentement en moi.

S'il m'arrivait de croiser Marlène et Jean dans la rue, je changeais encore de trottoir, sans hâte, sans cette panique informe, ce flirt fugace avec la folie qui, des mois auparavant, me retournait les viscères et me laissait pantelant, accoudé à un parcomètre, la tête lézardée de pensées inintelligibles, de pensées *sans mots*, bourdonnantes, comme ces essaims de couleurs qui dansent sous les paupières. À présent, je me contentais de reprendre mon souffle au détour du prochain coin de rue, l'œil à peine embué. La haine que je nourrissais envers Jean, sans perdre de sa pureté, avait revêtu une certaine froideur clinique. Il méritait à peine plus que mon mépris — dans la mesure où je l'avais considéré comme un ami —, et je savais bien que cette haine limpide n'était que l'expression biaisée, banale de sentiments autrement plus complexes que j'entretenais envers Marlène. Cela dit, je refusais de me plier à cette évidence, à cette équation : détester ce faux jeton de façon entière, injuste, aveugle et obstinée était mon privilège le plus strict, et je n'allais pas m'en priver.

Vivre sans Marlène. Cela avait du sens, les mots avaient du sens, désormais. Un drôle de petit sens, qui s'élaborait doucement sous mes yeux. Durant l'automne, il m'était arrivé, par distraction, de garer la voiture devant chez Marlène. Au moment de couper le contact, je me rendais compte que je n'habitais plus là, et je repartais, confus, idiot. J'étais venu récupérer quelques casseroles, un peu avant Noël, et les chats ne m'avaient pas reconnu. Le gros gris — qui s'appelait d'ailleurs Gros Gris, mais que nous nous étions résolus à nommer Groggy — s'était assis au bout du couloir et m'avait regardé remplir ma grande boîte en carton. Je l'avais appelé, avec ce claquement de doigts promettant des caresses, et il avait incliné un peu la tête, l'air de dire « Qu'est-ce que tu me veux, toi ? ». Puis il était allé m'ignorer ailleurs. En sortant, une boîte sous le bras, j'avais accroché ma clef au petit crochet en forme de coq rapporté du Portugal. Il n'y avait aucune raison que je garde cette clef, je n'étais plus chez moi, même le gros gris que j'avais nourri au biberon parce que sa mère s'était sauvée avec un matou beau parleur, même le gros gris me le disait.

Alors, tranquille au bar avec un petit scotch, je laissais ces constatations s'enfoncer lentement en moi. Je m'habituais à cet état de choses comme on s'accoutume à une nouvelle paire de chaussures, avec une sorte d'agacement amusé. Le tragique de l'histoire était déjà digéré, et de l'horreur il ne subsistait que des souvenirs éventés. Non, à présent, il ne me restait qu'une sensation d'étrangeté. D'étrange légèreté.

Il était huit heures, le bar était à peu près vide. À l'autre bout du comptoir, une fille blonde écrivait dans une sorte de carnet fleuri. Un journal sans doute.

— Qu'est-ce qu'elle boit? ai-je demandé en douce à Éric.

— Glenlivet douze ans.

Il m'a souri. Je n'ai rien dit. Il cherchait mon regard.

— Quoi! ai-je dit, au bout d'un moment.

— Rien.

Éric a attrapé la bouteille de Glenlivet sur la tablette, puis il m'a regardé en haussant les sourcils, avec son sourire narquois.

— Non, non, fais pas le con. Je demandais ça comme ça, merde. Et puis c'est vraiment pas mon genre, tu le sais. Pose la bouteille.

— Elle est très jolie…

— Veux pas l'savoir.

— Ah, un peu de nerf! Justement, il commence à être temps de changer un peu de genre. Allez, elle a presque fini son premier verre…

— Non! C'est, je sais pas… c'est vulgaire.

— Pas vulgaire; *classique*. Grosse différence, mon petit. Un classique, ça se démode pas, un classique, c'est… c'est quand on n'a rien trouvé de mieux. T'as une meilleure idée, toi?

— Mais je cherche pas d'idée… Pose la bouteille.

— Tu me remercieras une autre fois, je suis pas susceptible…

Et il a versé un verre.

— Pas question que je te le paye, salaud…

— Je te l'offre, ducon…

Et il est allé poser le verre devant la blonde. Elle a relevé la tête, un peu surprise. Puis Éric a pointé un doigt dans ma direction. Je me serais caché dans du béton frais. Elle a levé le verre en me saluant. « Très jolie », c'était un sacré euphémisme. Je venais d'offrir à mon corps défendant un scotch à la plus jolie fille que j'avais vue depuis longtemps. Je me sentais comme un vendeur d'assurances, mais le banal du geste n'a pas eu l'air de l'embêter. Elle a écrit encore un moment, m'envoyant de temps à autre une œillade amusée. Enfin, elle m'a fait signe de la rejoindre à son bout du comptoir.

Elle s'appelait Katarina. Avec un *k*; elle y tenait. Ça me paraissait évident. Je lui ai dit que je m'appelais Alex avec un *x* et ça l'a fait rire. Katarina était komédienne, et Katarina avait un kopain. Et comme elle n'avait plus le moindre kopeck, je nous suis mis une autre tournée de scotch. Puis une autre. Et, naturellement, une autre. Puis… encore, oui. On a ri beaucoup, elle était belle, elle était vive, et belle, surprenante, et belle. Et cette façon de me regarder de côté, de m'envoyer ce regard bleu, translucide, effervescent et pourtant jamais conquis, traversé de petits éclairs graves, cette façon, ce regard me chavirait. Gagnés par une ivresse fébrile, nous avons décidé qu'il nous fallait danser. J'ai réglé l'addition en maudissant d'une voix ravie l'initiative d'Éric, puis on est partis en

taxi. Devant la boîte de nuit, une file d'attente impression-
nante est presque venue à bout de notre gaieté ; heureuse-
ment, le portier s'est avéré compréhensif et surtout facile à
soudoyer.

Katarina dansait. Les yeux mi-clos, elle ondoyait
comme un mirage, ses petites mains tziganes traçant dans
l'air de drôles d'arabesques qui me frôlaient. Ses cheveux
fins embaumaient l'encens. Et devant cette fille blonde,
fluette et agile, pendant un instant, une seconde, au milieu
du magma sonore, noyé dans les incantations diony-
siaques de Morrison, j'ai eu peur. Car elle était là, mais elle
était ailleurs aussi, *ailleurs surtout*, dans un lieu où jamais
je ne la rejoindrais — c'était idiot, je ne la connaissais pas,
et pourtant ; un lieu secret, immergée en elle-même, au
tréfonds de son ventre. Je caressais sa joue du revers de la
main, et elle me souriait de loin, de si loin, c'en était verti-
gineux. La solitude au fond de ses yeux, la solitude d'une
âme de grand fauve, une âme féline, fluide, fuyante. J'avais
peur, mais à cette peur se mêlait une étrange tendresse, et
aussi un élan téméraire que je sentais gronder.

On a dansé jusqu'à trois heures, elle m'est tombée dans
les bras, en nage. Je l'ai raccompagnée chez elle. Sur le pas
de sa porte, je l'ai embrassée, sans préméditation, sans cal-
cul, par bonheur, comme un chien fou. Et c'est ce qu'elle a
vu de moi, un chien fou. Elle m'a repoussé gentiment, avec
un regard qui disait le contraire, et je suis rentré tran-
quillement à l'appartement, léger, lessivé et heureux, chien
fou sans collier.

Inquiet, aussi.

22

J'ai évidemment passé la journée du lendemain le front sur la cuvette des toilettes, geignant comme une bête à l'agonie. Félix s'est donné un mal fou pour me remettre en état, mais rien n'y a fait. Double espresso. Vomi. Jus de tomate avec un œuf cru. Vomi. Cognac avec un doigt de porto — quelle idée brillante! Vomi. Eau minérale et citron. Vomi. Vers cinq heures, il m'a traîné dehors et m'a emmené bouffer, dans un resto miteux, ce qu'il considérait comme l'ultime contrepoison, la bombe H des remèdes de cuite, la seule et unique raison de vivre après un cataclysme de cette magnitude : la soupe tonkinoise.

Absorbant à petites gorgées la mixture brûlante, le palais réticent et l'estomac indécis, je sentais l'œil amusé de Félix peser sur moi.

— Alors, comment elle s'appelle? a-t-il dit, contenant mal son sarcasme.

— Elle s'appelle cuite de la mort, et en tant que son agent, je peux dire qu'elle ne souhaite émettre aucun commentaire.

— Allez, allez… son nom…

— Pourquoi est-ce qu'il faudrait qu'il y ait une fille derrière tout ça ? Je suis très capable de me défoncer tout seul…

— Essaie même pas. T'aurais dû t'entendre chanter quand t'es rentré, c'était quelque chose, mon vieux…

— N'importe quoi.

De sa voix de baryton, Félix s'est mis à fredonner un vieux standard de Cole Porter.

— *I've got you… under my skin… dadida… I've got you… deep in the heart of me… So deep in my heart… that you're really a part of me…*

Ça me disait quelque chose.

— Bon, bon. Elle s'appelle Katarina. Avec un *k*.

— Ah ah ! Elle est russe, ou quoi ?

— Serbe.

— Aaahh…

Il frétillait, l'animal.

— Alors, pourquoi elle a pas dormi à la maison ?

— Oh, tu fais chier… je sais pas. Ça n'a pas adonné. Elle a un copain. Enfin, c'est pas très net, une histoire qui traîne, bref, j'ai pas tout compris.

Son visage s'est assombri un peu, il a hoché la tête lourdement.

— Ouais… les histoires moins compliquées, ça te tente jamais ?

— Je fais pas exprès. Ça arrive, c'est tout.

— Mais tu fais rien pour éviter les emmerdements. Elle est jolie, elle te sourit, ça te suffit, toi. Tu te lances.

— Très jolie, précisai-je.

— Elle est avec quelqu'un…

— Détail.

— Détail? Pff! Évidemment que pour toi c'est un détail! Tu crois qu'elle, elle trouve que c'est un détail? Tu crois que t'arrives, toi, avec ta gueule de jeune premier et tes grands yeux angoissés, et que son existence chavire subitement, et que tout ça est très simple? Mais tu te prends pour qui?

— Eh! Oh! Du calme! Mais qu'est-ce que t'as, là? On croirait que c'est ta sœur… Elle fait ce qu'elle veut, merde…

— Monsieur est célibataire, et il déclare l'anarchie *at large*… Tu te rends vraiment pas compte…

— Me rendre compte de quoi?

— Que tu as du pouvoir, c'est tout, qu'on a du pouvoir. Quel âge, au fait?

— Vingt-trois ans, je crois. C'est quoi le rapport, *anyway*?… Et puis c'est quoi, ça, t'énerver comme ça pour rien?

Félix a poussé un long râle exaspéré.

— Oh, et puis fais ce que tu veux… Embarque-la dans tes délires si ça te chante, comme t'as embarqué Camille. Mais fais attention, tout de même. C'est hyperfacile de devenir un salaud, on ne s'en aperçoit même pas…

— Ta gueule, Félix.

— C'est ça.

J'ai continué à bouffer ma soupe, l'estomac semblait apprécier.

— Et puis Camille, je l'ai embarquée dans rien du tout.

— Peut-être, mais ça n'a rien à voir avec toi. Heureusement, c'est une fille solide… parce qu'avec le numéro que tu lui as fait, t'aurais pu la virer à l'envers.

— J'hallucine! Qu'est-ce que t'en sais, toi? Camille savait très bien ce qu'elle faisait, t'as même pas idée à quel point. Elle le savait beaucoup mieux que moi, *anyway*… Et beaucoup mieux que toi, je te signale, hein… Parce qu'il me semblait que t'étais au Venezuela, toi, pendant que je lui faisais mon *numéro*, comme tu dis…

— Tu penses que j'ai besoin de t'avoir vu pour savoir ce qui s'est passé? Je l'ai vue te regarder, Camille. Tu lui es rentré dedans comme une tonne de briques. Faut pas que tu sous-estimes tes effets, Alex. Vraiment. Peut-être que t'as oublié à force d'être marié, mais quand tu t'y mets, quand tu décides que t'es amoureux, t'es mortel, mon pote. Et puis donne-moi un peu plus de crédit, je sais comment tu fonctionnes… Et vice-versa.

— Ouais, parlons-en du vice et du versa… T'as tellement d'autorité morale, toi, avec tes histoires de cul vaseuses…

— … Et tu t'es jamais privé de me le faire sentir, quand quelque chose était vaseux. Pas de front, bien sûr… mais par en dessous, laisse-moi te dire que le message passait… Et puis tu changes de sujet.

— Je change pas de sujet. Et je t'ai jamais dit quoi que ce soit sur tes histoires.

— Pas besoin, t'as le regard lourd… De toute façon, de quoi on parle? J'en reviens pas que t'invoques ça comme si c'était un argument valable, ma… ma *stature morale*! Je te dis pas de faire attention à elle, à cette fille, Katarina; j'en ai rien à foutre d'elle. Ce que je te dis, c'est que tu peux simplifier les choses et la faire planer, mais pour un temps seulement. Parce qu'éventuellement, et *inévitablement,* tout ça va te sauter dans le visage. C'est pas un jugement moral... en fait, c'est le contraire absolu! C'est un jugement purement pratique!

— Non mais, *me sauter dans le visage?* T'exagères! Bon, O.K., il y a un handicap de départ, mais comment tu peux te permettre des prédictions pareilles? Tu sais, au-delà des circonstances, il y a autre chose...

— C'est là que tu te trompes. Autre chose, pff!... Tu veux parler des *êtres?* Tu penses peut-être que des êtres compatibles, attirés l'un par l'autre, ont une espèce de... de droit sacré, une exemption, qu'ils... transcendent les lois de l'existence? C'est *ça* que t'es en train de dire?

— Aaahh... C'est insupportable comme tu peux compliquer les choses! Mais bon... oui, O.K. Le mysticisme en moins, c'est à peu près ça...

— Ben tu te trompes, qu'est-ce que tu veux que je te dise?... Des êtres immobiles, ça n'existe pas. Il n'y a pas de... d'essence intrinsèque aux gens, aux choses, aux événements; juste des circonstances, man... Juste des crisses de circonstances.

— Ouais, ouais, on sait bien, avec toi tout est affaire de circonstances. Circonstancialiste de merde. Tu vas me refaire ton petit laïus sur le sujet, là?

Durant son bac en sciences politiques, Félix avait écrit, lors d'un trajet en autobus entre Winnipeg et Montréal, un essai exquis sur la question.

— Ça ferait de toi un essentialiste.

— Le vrai doit être quelque part entre les deux...

— Oh, là, tu te surpasses! Il y a longtemps que je t'ai pas entendu dire une aussi fade idiotie. Quelque part entre les deux… Calvaire! Si t'es pas capable d'un peu de rigueur, à quoi ça sert de discuter…

— Comment on dit encore… *fuck you*? Je crois plus à la rigueur, anyway… Encore moins après une cuite olympique. La rigueur, c'est une belle paire de Ray Ban.

— Je te demanderai pas de m'expliquer ta métaphore à la con…

— Rien à expliquer. C'est pas une métaphore rigoureuse.

— Dire que je t'ai emmené bouffer de la tonkinoise. T'es indigne. Et puis retourne donc à l'université. Ça te va pas très bien la paresse intellectuelle, t'as pas le… le flegme qu'il faut. Et moi j'ai pas la force pour être la voix de la raison. C'est ton domaine, ça.

— Et toi t'as le flegme…

— *Damn right.*

J'ai souri. Félix l'avait, ce flegme, il savait avoir tort avec panache, et il jouait vraiment mieux au billard avec huit tequilas derrière la cravate. C'était aussi le seul dynamiteur à Montréal qui *blastait* à l'œil, sans calculatrice, sans séismographe et sans inquiétude. Et, irritant paradoxe, il était le meilleur.

On a fini notre soupe en silence. On ne s'engueulait jamais vraiment, Félix et moi. On avait une sorte d'entente tacite sur la puérilité des engueulades venimeuses. L'un comme l'autre, on ne redoutait pas les prises de bec, aussi vaines soient-elles, et, à la rigueur, il y avait moyen d'y trouver un plaisir féroce; entre nous par contre, on n'arrivait tout simplement pas à y croire. Des mots. Ça ne valait jamais une partie de billard.

23

Katarina est revenue le lendemain au bar, pendant mon quart de travail. On ne s'est à peu près pas parlé, on s'est surtout souri. Et en vérité, j'avais sans doute moins de choses à lui dire qu'à lui sourire. Elle a bu un scotch, elle a écrit dans son petit carnet à fleurs, puis elle est partie mine de rien. Elle m'a laissé un carton d'allumettes sur le bout du comptoir, sans numéro de téléphone, sans rendez-vous, juste une phrase. Une phrase en serbo-croate, avec de jolis accents sur les consonnes. Je ne savais pas ce que ça voulait dire, mais la phrase était chaude dans ma main. Je l'ai mise dans la poche de ma chemise.

Vers minuit, un ami tchèque est passé boire une bière et je lui ai montré la phrase, à tout hasard, me disant qu'il devait bien posséder quelques rudiments de serbo-croate, voisinage oblige. Il a lu, puis il a souri.

— Qu'est-ce tu penses qu'elle a écrit ? m'a-t-il demandé, dans son français hésitant.

— Ben je sais pas, Jaro. Je te demande…

— Allez, tu dois bien avoir une idée…

— C'est si évident que ça ? Quoi, elle veut baiser avec moi, ou quelque chose comme ça ?…

— Du calme, Alex ! Peut-être bien, mais c'est plus… comment on dit… subtil, oui.

— Alors ?…

— Hmm… je peux pas traduire. Trop… trop *Europe de l'Est.*

— Salaud.

— Eh, je suis tchèque, moi, pas linguiste !

Ça le faisait bien rigoler. J'ai laissé tomber. Au fond, elle ne me déplaisait pas cette petite phrase, elle me laissait rêver. J'ai offert un bon scotch à Jaromil. Évidemment, il m'en a payé un plus cher ; il était comme ça. Ne jamais rien devoir à personne, cela faisait partie de son code. Un drôle de type. Il avait fait l'Afghanistan. Et pas vraiment de bon cœur : c'était deux ans là-bas, ou dix ans dans une prison tchèque pour avoir essayé de passer à l'Ouest avec son cousin. Son cousin y était resté, tué par une rafale d'AK-47 dans la gorge, tirée à bout portant par un gosse de douze ans. Jaro, qui l'accompagnait dans une patrouille, avait été plus chanceux, toutes les balles s'étant fichées dans son gilet pare-balles. Sonné, étendu au sol avec trois côtes brisées, il avait abattu le gamin et sa mère au pistolet. Un chargeur entier en une seconde et quart. Oui, vraiment, Jaro avait été plus chanceux. Sorti de l'infirmerie, il avait déserté, avait fini par se retrouver en Grèce, sans argent, sans passeport, mais avec assez de cauchemars pour trois vies. Et il s'employait précisément à ne pas penser à cette femme afghane, à son gamin : il travaillait soixante heures par semaine, allait au gym tous les soirs et sombrait idéalement dans un sommeil lourd et sans rêve. Quand je trouvais que ma vie était dure et chiante, il y avait toujours Jaro pour relativiser, Jaro et le sourire amer qui glissait parfois sur son visage si fin, et son regard froid comme une lame, ce regard bleu qui aurait pu être doux, qui avait dû l'être. Il n'aurait pas fait de mal à une mouche, mais à mon avis, les mouches avaient intérêt à être sympathiques avec lui. C'était d'ailleurs assez étonnant de constater à quel point les gens étaient polis avec Jaro, presque instinctivement, sans avoir la moindre idée de l'homme qu'il était.

Le bar était particulièrement tranquille. On s'est fait un billard. Il n'avait aucun talent pour le billard, comme d'ailleurs la plupart des Européens, exception faite des Anglais. Je savais cela de première main, ayant financé quatre mois en Europe en ne faisant que cela, jouer au billard. Je n'avais pas l'intention de gagner ainsi ma croûte, mais j'y avais pris goût à Monaco, après avoir plumé le fils d'un ministre arabe de son argent de poche pour la soirée, environ mille dollars US. Chaque fois que j'empochais la noire, il jetait les billets sur le tapis, incrédule et pourtant ravi, avide d'en voir davantage. Le perdant le plus stoïque que j'aie rencontré de ma vie. La soirée s'était terminée dans la villa d'un armateur hollandais, dont le fils était singulièrement hospitalier. Champagne rose et cocaïne. C'était du temps où j'avais du nerf, les cheveux longs, un blouson de cuir et l'arrogance de mes vingt ans en écusson. Après Monaco, Amsterdam. C'est là que les Anglais m'avaient eu... Pour ces joueurs de snooker, une table de boston est un divertissement, un jeu d'enfant, comme le minigolf ou le ping-pong. À quelques dollars de la ruine, je m'étais heureusement refait avec une bande de Bretons constamment défoncés, qui se provoquaient entre eux, de sorte que jouer contre moi était devenu le défi qu'ils se relançaient mutuellement. Ça m'enlevait tout le boulot de psychologue qu'il faut généralement se taper pour plumer les gens. Je n'avais qu'à mettre les billes dans les poches, rien de problématique. Mais j'avais fini par rencontrer Monica, une fille de Florence venue étudier la restauration de tableaux à Amsterdam. Monica m'avait fait perdre tous mes moyens, et je m'étais mis à très mal jouer. Je me demande si ce Breton a toujours ma veste de cuir.

Je me sentais bien avec Jaromil. On n'avait pas besoin de se parler, on se connaissait peu, et ça ne me déplaisait pas. Pas de fausse intimité, de camaraderie suspecte avec lui. Il ne m'avait parlé qu'une fois de l'Afghanistan. Pas pour faire l'intéressant, pas pour m'impressionner, ni même pour s'épancher, non ; c'était la seule façon de me dire : *voilà qui je suis.* J'avais fermé ma gueule.

24

Katarina avait un goût d'agrume. Pelure d'orange. Acide d'abord, puis une âcreté lumineuse et un sucre subtil, un murmure. Et des cheveux fins, comme ceux d'un bébé. Son épaule frappe le carrelage et laisse un cerne humide, imperceptible sur la tuile blanche. L'aube bleuit lentement les ombres, par la petite fenêtre. Un filet de voix à peine audible se mêle à son souffle. Souffle chaud, dans mon cou. Le tatouage sur son bras, comme une marque au fer rouge sur la peau d'un ange. Symbole celtique du guerrier. Elle mord, au hasard, la première chair à sa portée. Je serre les dents, la douleur est étincelante. Je tire ses cheveux, l'embrasse, et le sang sur ses lèvres ; petite haine animale au creux du ventre. Elle détourne son visage, elle est à mille lieues de moi. Remonte sa jupe, se bat contre les étoffes délicates. Je la prends en sauvage, sans douceur, d'un coup, lui fais mal. Ses ongles dans les flancs. C'est de bonne guerre. Me braque ses yeux jusqu'au fond du crâne, deux billes noires, noires comme l'intérieur d'un canon de revolver. *Fuck me? Fuck YOU,* comme dit Pacino dans la moitié de ses films. Je bouge doucement en elle et sa moue défiante s'évanouit, sa lèvre frémit et son regard s'embrume, s'adoucit, chavire, mais je ne perds rien pour attendre. Et comme lorsqu'elle danse, sa conscience se dissout lentement, se disperse en elle puis se loge, mouvante, en son ventre. J'enfouis mon nez dans le creux de son cou, son souffle comme un océan dans mon oreille. Je suis bien, la douceur est atroce. Une artère palpite contre ma tempe ; l'intérieur de sa cuisse, tendre, fragile, contre ma hanche ; la moiteur de nos peaux épousées et les effluves tièdes qui montent de ce gouffre sulfureux entre nous, et ces doigts qui gravent des sillons brûlants dans ma chair, tout cela m'aspire, me submerge, ma volonté est désarticulée, Katarina me broie, me noie, rugissant comme vague en falaise. La porte s'entrouvre puis se referme discrètement. Rien à foutre. Je ne suis pas dans les toilettes d'une discothèque, je suis sur Jupiter, terrassé par une gravité inouïe. Je suis mille mètres sous l'eau, serein alors que mes poumons implosent ; seul aussi. Et dans cette solitude abyssale, l'océan dans mon oreille, le plaisir m'achève comme on abat un cheval brisé.

25

Attendre Katarina. Téléphoner vingt-trois fois chez elle, juste pour entendre sa voix sur le répondeur me promettre qu'elle va me rappeler dans les plus brefs délais. Faire un détour de trois rues avec mes sacs d'épicerie pour passer sous sa fenêtre, et relever timidement la tête, dans l'espoir d'une coïncidence vraiment trop grossière. Hanter comme une ombre les endroits qu'elle fréquente, flâner devant la station de métro. La voir dans une pub de détergent à la télé, et en être ému comme par le dernier Bertolucci. Voir les jours passer, devenir fou.

Puis, au moment où mes forces me quittaient, que je sombrais dans un morne désespoir, m'efforçant de passer mes précieuses chimères au hachoir, elle m'avait appelé. Puis l'on s'était vus et vus encore, et revus. Au bout d'une semaine, nous sortions, dormions, mangions ensemble; je la conduisais à ses auditions, elle me tenait compagnie au bar jusqu'à la fermeture. Une bulle. Elle avait laissé son copain, ou du moins c'était ce que je comprenais de la situation qu'elle me présentait avec cette logique évasive et chaotique qui était la sienne. C'était aussi, accessoirement, ce qu'il me plaisait d'entendre. Rien ne semblait jamais vraiment clair avec Katarina. Non pas qu'elle fût tourmentée par le doute et l'incertitude, mais plutôt l'inverse : elle était convaincue en un même instant de choses diamétralement opposées. Ce n'était, au fond, pas pire que de douter, comme je le faisais, de tout et de son contraire, mais ça restait déroutant. Elle quittait Mathieu, mais elle l'aimait. Elle adorait les deux enfants de Mathieu, mais se révoltait à l'idée de jouer à la maman. Mathieu était un salaud ; Mathieu était à deux doigts du Nobel de la paix ; elle en avait assez des types comme lui, mais c'était l'homme de sa vie. Étourdissante.

Mais tous ces courants contraires qui la traversaient, ses doutes comme autant de remous, tout cela s'évaporait quand elle passait sa main dans mes cheveux. Son esprit fuyant, mon cœur lézardé, nos vies chavirées, tout partait en poussière quand nous faisions l'amour. Rien n'avait besoin d'être clair, compris, classifié. Rien ne méritait d'être prononcé. Il n'y avait rien à dire. La vérité de mon existence se résumait à des choses bêtes, sublimes. L'odeur du café le matin le soleil qui caressait son sein une mèche jaune sur mon oreiller mes doigts sur ses lèvres sa voix sur ma nuque nos odeurs mêlées un muscle affleurant sous la peau diaphane le contour d'une oreille ma bouche sur elle en elle ses mains fines serrées sur ma gorge et ses dents délicatement fichées dans mon âme.

J'ai apporté mon ordinateur chez un prêteur sur gages,

et me suis débarrassé de toutes mes éditions de la Pléiade : *La Comédie humaine*, tout Flaubert, Dostoïevski et Tolstoï. J'ai gardé Rimbaud, qui m'avait été offert par mon parrain, et j'ai acheté deux billets pour le Mexique.

26

Roxy's Blues Bar, Puerto Vallarta, deux heures du matin. Je suis crevé, Katarina me fait la gueule avec une persévérance inouïe. Je suis si abattu que je n'arrive pas à m'en soucier. On a passé quatorze heures dans cette saloperie d'avion, parce qu'un type a décidé de se payer un infarctus au beau milieu du vol. Atterrissage d'urgence à Memphis, Tennessee. Des douaniers zélés ont fait poireauter le mec à l'agonie pendant trois heures avant de permettre aux ambulanciers de venir le cueillir à bord. Trois heures. Trois lancinantes heures avant qu'ils commencent à comprendre que le mec n'était ni cubain, ni irakien, que c'était juste un pauvre gars de Longueuil. Le médecin qui s'était occupé du gars en question, une dame d'une quarantaine d'années, était assise à ma droite et des larmes de rage tremblaient à la lisière de ses yeux. Elle a tenu le bonhomme en vie durant des heures interminables, sans le moindre équipement médical, seulement pour que quelques petits fonctionnaires obtus viennent l'achever avec leurs règlements, leur paranoïa chauvine et une flopée de formulaires kafkaïens. Autant étrangler le gars sur-le-champ, ç'aurait été plus propre. Il y a sur terre moins d'humains qu'on ne le pense. Comme le dit, dans sa formule navrée, Andrew Dice Clay — le plus improbable et mésestimé des philosophes : *So many jerks, so few bullets.* Ils ont mis deux autres heures avant de nous consentir quelques litres de carburant, acculés au fait que notre conteneur de pestiférés ne pourrait qu'ainsi quitter leur terre bénie. Nous donner des arachides ? Non. Nous donner de l'eau potable ? Non. Vider les toilettes pleines à ras bord ? Non. Froides crapules. Je hais Memphis.

C'est là que Katarina s'est mise à me faire la gueule. Et plus je m'efforçais d'avoir l'air de n'y être pour rien dans cette affaire d'infarctus, plus elle s'enfonçait dans son mutisme. Au bout d'un moment j'ai laissé tomber. Moi aussi je me l'étais envoyé ce voyage en avion, sans une seule cigarette, et mes ressources de patience avaient été mises à l'épreuve. Qu'on me laisse boire ma *cerveza mas fina* et fumer des Marlboro à la chaîne en suant comme un porc dans un bain turc, merci. De toute façon, au bout de huit tequilas, Katarina avait retrouvé une certaine sérénité et me souriait de plus en plus. Tout était *muy bien*. Ou peut-être qu'elle souriait à la mer qui se brisait derrière moi en longues gerbes blanches et sifflantes. Ou à la Stratocaster autographiée par Clapton, suspendue au mur comme un trophée. Du moment qu'elle souriait.

On était descendus dans le premier hôtel venu. J'avais

demandé au chauffeur de taxi de nous conduire dans l'endroit le plus proche et abordable qu'il puisse trouver. Comme par hasard, son cousin travaillait à la réception et l'hôtel était situé à vingt kilomètres de l'aéroport. J'étais trop fatigué pour rechigner et on avait pris la chambre. Et puis l'endroit était très correct.

Du bar, on est rentrés à l'hôtel tranquillement, en passant par la plage, pieds nus dans l'écume tiède. Les vagues s'écrasaient avec fracas sur le sable et, sous la lune, la mer avait un air mauvais. Les courants se rencontraient en désordre et formaient des crêtes éphémères, des remous sombres ; les vagues se retiraient avec ce sifflement furieux qui laisse deviner un fort ressac. Lorsqu'une accalmie semblait se déclarer, un mur d'eau venu de nulle part se dressait bien haut, accrochait un rayon de lune et s'abattait en une déflagration terrifiante. En vertu de mon goût pour les choses puériles et dangereuses, je me suis mis en tête d'aller y voir de plus près. J'ai ôté mon jean et ma chemise, sous l'œil incrédule de Katarina. L'idée tenait aussi d'une sorte de rituel entre la mer et moi, une manie superstitieuse de gamin qui m'est restée et qui, en gros, consiste à me foutre à l'eau à la première occasion, faute de quoi la mer risquerait de croire que j'ai peur d'elle — ce qui, bien sûr, marquerait le début des hostilités. Et se foutre à l'eau n'est pas le seul défi : il me faut le faire avec la nonchalance la plus parfaite, l'insouciance du gars qui s'avance dans un champ de marguerites.

J'ai fait quelques pas dans l'écume. Le ressac creusait le sable sous mes talons. Profitant d'un apaisement provisoire, je me suis élancé. Le but consistait à piquer une tête dans les vagues, à faire quelques brasses et à revenir. Une belle vague se formait, une dizaine de mètres devant moi. Elle était imposante mais se développait de façon régulière, ce qui me permettait d'évaluer assez bien où elle casserait. J'avais largement le temps de passer en dessous, alors j'ai maintenu ma course. Lorsque l'eau m'est arrivée à la taille, par contre, le fond s'est brusquement dérobé sous mes pieds. Incapable de courir, je n'ai pu que regarder la vague se dresser, menaçante, friser à sa crête et s'affaisser avec une force démentielle sur moi. J'ai plongé vers le fond, question de passer sous le remous, mais je savais bien que la vague de trois mètres était trop puissante pour que cette technique m'épargne ce que les surfeurs appellent la lessiveuse. Effectivement, le remous m'a cueilli sur le fond rocailleux et s'est mis en tête de me démembrer. L'expérience n'était pas nouvelle, mais elle s'avérait toujours aussi stupéfiante. Comme il ne sert à rien de lutter contre vingt tonnes d'eau, je me suis laissé tirailler sans combattre par les courants rageurs, les bras repliés au-dessus de la tête. Après d'interminables secondes, la mer m'a enfin recraché sur le rivage avec mépris, les os meurtris et du sable salé plein la bouche, les yeux, les oreilles et autres orifices. Naturellement, j'y suis retourné pour une deuxième portion : il ne faut pas me provoquer. Nouvellement instruit du relief sous-marin, j'ai réussi à passer la barre et à faire mes quelques brasses rituelles en toute quiétude. Le retour m'a encore une fois coûté une généreuse séance de brasse-camarade, mais la mer et moi, on s'était parlé. Katarina m'a regardé vomir des litres d'eau, à quatre pattes sur le sable, avec un air de pitié informe dans les yeux, comme si j'étais une sorte d'enfant profondément demeuré. Mais non sans un certain amusement.

J'ai titubé jusqu'à l'hôtel et me suis glissé entre les draps empesés, une brise fraîche sur le visage. Le sommeil m'est tombé dessus comme un piano à queue.

27

Rêvé du désert encore.

Encore les dunes frémissant dans l'horizon brûlant. Le désert qui menace de m'avaler, et moi, l'esprit vide, le cœur muet, gravissant une pente friable qui se dérobe sous mes pas.

Au sommet de la dune, une femme drapée de bleu avec un cheval. Elle me tend la bride. Je veux lui parler mais aucun son ne sort de ma gorge sèche. Elle me fait non de la tête, met la bride dans ma main. Elle recule, un regard tendre et pourtant impitoyable posé sur moi.

Je ne la suis pas. Je voudrais mais son regard m'en empêche. J'observe le cheval. Un cheval triste. Un cheval désespéré, si triste. Je n'ose pas le monter.

Pourtant, il le faut.

28

Je me suis réveillé en pleine forme, il devait être trois heures de l'après-midi. Je suis descendu à la piscine et j'ai fait quelques longueurs pour chasser les dernières brumes du sommeil. Katarina n'était nulle part. J'ai pris mon café à l'ombre d'un cocotier sur la terrasse de l'hôtel, les yeux sur l'océan scintillant. Il n'y avait pas un nuage dans le ciel, juste du bleu, un bleu cobalt aveuglant, immense. J'ai songé en souriant que Katarina ne pourrait pas me bouder très longtemps sous un ciel pareil.

J'ai changé un peu d'argent à la réception et j'ai décidé d'appeler Yannick, qui avait tout abandonné un an plus tôt et était descendu vivre à Puerto Vallarta. Il avait laissé son restaurant chic à Montréal et s'était ouvert un petit bar à quelques kilomètres au sud de la ville. Il louait aussi aux touristes une demi-douzaine de bungalows rudimentaires mais sympathiques. En échange de deux heures de blues, trois fois par semaine, il m'avait offert de me loger gratuitement. Du moins, c'était la proposition qu'il me faisait dans la carte postale reçue à l'automne. En vérité, ce n'était pas tant pour divertir les clients qu'il voulait me faire jouer que pour avoir quelqu'un avec qui s'amuser. Doté d'une oreille nulle et d'un sens du rythme au mieux médiocre, Yannick ne pouvait jouer des congas que dans son propre bar, au grand dam d'un auditoire captif. Je ne valais guère mieux en tant que musicien, mais c'était bien son problème s'il ne faisait pas la différence entre Stevie Ray Vaughn et moi. Ça m'arrangeait. Et puis au fond, après quelques tequilas, les clients ne voyaient plus vraiment la différence, pas plus que les musiciens d'ailleurs; et si par malheur un peu de coco circulait, nous étions promus *ipso facto* au rang de génies.

— *Casa loca!* a tonné une voix enjouée au bout du fil.

— Yan?

— Alex!

— T'as l'air en forme…

— Super, *amigo*. Super. Alors, tu t'es finalement décidé à vivre la vraie vie un peu. Ça fait plaisir! Quand est-ce que t'arrives?

— Ben, je suis à Vallarta, j'arrive quand tu veux.

— Arrive! J'ai justement une *casita* qui vient de se libérer, la plus belle! Véranda, hamacs, moustiquaires! Et les pieds dans l'eau! Tu vas jouir!

« Jouir » avait toujours été un de ses mots préférés.

— O.K. j'arrive. Je suis avec quelqu'un, aussi…

— J'espère bien! Euh, est-ce que…?

— Non, c'est toujours aussi fini avec Marlène.

— Ouais, c'est ça, hein… Dur, dur…

— Eh. Ça va.

— Et c'est qui la nouvelle?

— C'est Katarina.

— Laisse-moi deviner : jolie et névrosée?

— Jolie et cinglée.

— Ah, aaaahhh!

Et il a raccroché. Je suis remonté à la chambre. Katarina était revenue. Elle s'était acheté une jolie robe légère, avec des fleurs jaunes, et un chapeau de paille.

— Salut, c'est joli ce que tu portes...

Elle m'a souri en tournant sur elle-même comme une gamine. Il m'est venu une idée curieuse; je me suis dit : « Tiens, elle est *là*. » Et c'était surprenant, car souvent, elle n'était pas là. Elle avait cette façon de fermer les écoutilles et de se réfugier dans une sorte de scaphandre mental. Lorsqu'elle ruminait ainsi ses problèmes, elle était inatteignable; j'aurais pu marcher sur les mains devant elle en beuglant, elle n'aurait levé qu'un œil vide sur moi. Mais dans sa robe à fleurs, cet après-midi, elle était là.

Je lui ai soumis mon plan de déménagement et ça l'a emballée. On a refait nos valises, j'ai réglé la chambre et on a pris un taxi. Le chauffeur, qui connaissait bien la destination, m'a demandé si j'étais un *amigo* de Yan. J'ai répondu que oui, plutôt surpris de la coïncidence, et le gars m'a dit qu'il me ferait un prix *especial* si je transmettais ses salutations. Il s'appelait Rodriguo. Ça commençait bien, il m'a semblé. On a roulé une bonne demi-heure sur une route sinueuse creusée dans le flanc de la falaise. Aux abords de la ville, la route était bordée d'hôtels, grandes tours roses et jaunes juchées périlleusement au-dessus de l'océan. Puis les constructions se sont raréfiées. Katarina dévorait tout des yeux, s'émerveillait comme une enfant de la moindre barque sur l'océan, d'un fruit étrange dans un arbre, d'un âne laissé à lui-même au bord du chemin. Rodriguo a pointé en direction d'une sorte d'estuaire en contrebas, quelques kilomètres plus loin.

— *Boca de Tomatlán...*

Puis il a ralenti et s'est engagé dans un petit chemin de terre qui serpentait abruptement vers la mer. Une enseigne multicolore, faite de matériaux recyclés divers, annonçait : *Casa loca* — la maison folle. Rodriguo nous a déposés au sommet de la pente, qu'aucun taxi ne se serait risqué à dévaler. Je lui ai payé la course cinquante pesos, ce qui était nettement au-dessous du tarif habituel, après qu'il m'eut refilé une demi-douzaine de dépliants publicitaires qui me garantiraient des prix concurrentiels sur à peu près n'importe quoi, excursions, restos, vêtements, poteries, drogues. Il a salué Katarina avec une galanterie toute latine, la complimentant sur son joli tatouage, puis s'en est retourné à Vallarta.

Yannick n'avait pas choisi l'endroit le plus dégoûtant pour refaire sa vie. Chargés de nos sacs à dos, on a descendu le petit chemin bordé d'orangers en se dirigeant vers la construction la plus imposante, une petite bâtisse de pierres, au toit de palme tressée. Une immense terrasse de bois y était adjointe et des cocotiers, qui poussaient à travers le plancher par quelques ouvertures pratiquées à cet effet, lui prodiguaient un peu d'ombre. L'ensemble surplombait de quelques mètres la mer qui se brisait sur les récifs en contrebas. Niché entre les parois abruptes un peu plus loin, trente pas de sable blond ; puis, passé une crête rocailleuse, une plage immense s'étendait pendant un kilomètre, long ruban d'or que la mer bordait inlassablement d'une frange d'écume. Au loin, j'ai vu un type chevaucher une vague sur des dizaines de mètres, avec une grâce nonchalante. Je l'ai observé un moment, puis je suis entré dans l'ombre fraîche du bar. Un gamin d'une douzaine d'années, qui tenait le bar, m'a appelé par mon prénom quand je suis entré. Détachant patiemment ses syllabes devant mon air perplexe, il m'a expliqué qu'il allait porter nos affaires à la *casita* et que Yannick avait dû aller faire quelques courses. Puis sans même me demander mon opinion, il m'a foutu une bière glacée dans la main et m'a gratifié d'un grand sourire. Comme elle voulait se baigner, Katarina est descendue avec le gamin. Je me suis assis sur la terrasse, j'ai allumé une cigarette. Il y avait le vent, le soleil, la mer, et j'ai juste fermé ma gueule. *Dixit* Félix : « Vis-le et ferme ta gueule. »

De la terrasse, j'ai encore observé le surfeur. Il n'avait rien d'un acrobate, mais il savait ce qu'il faisait. Il pouvait rester quinze minutes immobile, couché sur sa planche, à attendre sa vague. Il en laissait passer de belles, impassible, puis soudain il se décidait et filait vers un endroit précis, jamais le même, et il attendait. Invariablement, une vague régulière et docile se formait là où rien ne la laissait présager, une belle crête porteuse frisait et cueillait le gars au passage. De loin, ça avait l'air aussi simple que d'attendre l'autobus au coin d'une rue. Je savais bien que ça ne l'était pas. Se poster ainsi, avec autant d'exactitude, demandait un instinct ahurissant, une connaissance intime de la mer, de ses humeurs, de l'ordre secret qui régit ses mouvements. Une manifestation du chaos ne pouvant être prévue que par une perception également chaotique, le gars ne pensait ni à la profondeur de l'eau, ni à la force du vent ; il laissait vibrer ses sens librement, sans le moindre calcul, et touchait à cette intelligence harmonique des choses. La première fois que j'avais senti une vague me soulever sur une planche de surf, j'avais compris que ce n'était pas un sport, que ça tenait plus du yoga que du ski alpin. Et l'aura vaguement ésotérique qui baigne toute la culture du surf n'est pas entièrement vaine, elle n'est pas le simple fruit d'une consommation abusive de stupéfiants, comme le croient certains. La plupart des surfeurs que j'ai rencontrés dans ma vie sont d'étranges mystiques, à mille lieues des adolescents attardés que propose l'imagerie populaire.

Il y avait dans un coin du bar, sur une petite scène improvisée, une belle Fender Telecaster jaune. J'ai apporté la guitare avec moi sur la terrasse, histoire de me délier un peu les mains. Elle avait une jolie touche, basse, un peu rugueuse à cause de l'érable non verni. Les cordes étaient neuves. J'avais les doigts rouillés et mes arpèges ont mis un moment à redevenir fluides. J'ai monté des gammes de la main gauche durant une demi-heure, en pensant à autre chose, jusqu'à ce que ma main en devienne tétanisée par l'effort. Rien ne vaut la pure et simple répétition des mouvements pour réveiller la mémoire du corps. Et c'est toujours une bonne idée d'apprivoiser ainsi une guitare, car chacune a sa personnalité, même dans le cas de deux modèles rigoureusement identiques. Il faut voir ce qu'une guitare est disposée à faire, apprendre le toucher qui lui convient avant de s'attaquer à lui faire dire quelque chose. C'est une vieille Gretsch, modèle Chet Atkins, qui m'avait enseigné cela, douloureusement d'ailleurs, devant beaucoup de gens. J'avais passé un sale quart d'heure à essayer de la faire sonner comme une Gibson, et l'instrument s'était vengé en me donnant l'air d'un novice prétentieux. Depuis cet épisode honteux, je ne branchais jamais une guitare que je ne connaissais pas. La Telecaster s'avérait maniable et généreuse, malgré ce petit je-ne-sais-quoi d'imprécis, typique des Fender, qui fait d'ailleurs tout le charme de ces guitares. J'ai plaqué quelques accords et, satisfait, j'ai remis la guitare à sa place.

Le soleil n'était plus très haut dans le ciel et j'ai eu envie de nager un peu dans la mer. J'ai remercié Cesar, le jeune barman, et j'ai dévalé le sentier qui menait au bout de sable que j'avais aperçu d'en haut. L'eau y était d'un bleu si vert que je suis resté immobile un bon moment, les pieds dans l'écume et les yeux noyés parmi les coraux qui se dressaient un peu plus loin. L'ample houle du Pacifique ne se glissait pas jusqu'au creux de cette petite anse, si bien que la mer y était d'un calme étonnant. Après un coup d'œil jeté à la ronde, je me suis déshabillé entièrement et suis allé nager. Une volée de pélicans en formation serrée est passée en rase-mottes au-dessus de moi. J'ai nagé vers le bout d'une sorte de digue faite de grosses pierres plates, puis je me suis hissé sur l'une d'elles. Katarina avait eu la même idée que moi car elle dormait sur le dos, deux roches plus loin, un bras en travers du visage, nue. Une barque de pêcheur s'éloignait lentement vers le couchant, et il ne faisait aucun doute que le spectacle avait égayé la journée de quelqu'un. J'en étais bien content. J'aurais moi-même fait vingt milles à la rame pour un aperçu pareil. J'ai approché le plus silencieusement possible et me suis accroupi, ruisselant, près de ses pieds. Quelques gouttes d'eau sont tombées de mes cheveux sur ses chevilles. Elle a à peine gémi. J'ai risqué un doigt humide sur son ventre, elle n'a pas bronché. Il devenait évident que Katarina feignait le sommeil, mais je n'ai pas brisé le charme. Ma main est descendue entre ses cuisses, qu'elle a ouvertes imperceptiblement. Je l'ai touchée délicatement, du bout des doigts, fixant un vol de pélicans au large, et trouvant que tout cela avait une gueule terrible, vraiment. J'ai continué à la caresser durant un temps interminable, fasciné par ces instants où son dos se cambrait, ses cuisses se refermaient sur ma main captive et les muscles de son ventre se figeaient, parcourus seulement d'un long frisson que je pouvais voir refluer de la tête au ventre, comme des rides à la surface d'une eau calme. Ses cils papillotaient un instant, puis toute la tension de son corps s'évanouissait en quelques secondes. Lorsque je sentais se desserrer l'étau emprisonnant ma main, je recommençais, avec une lenteur infinie. Et c'était un intime supplice de n'avoir que ma main posée sur elle, mais je tenais bon, et m'imaginais que c'était le soleil qui lui faisait l'amour, le soleil et le vent, et que le bruissement des vagues résonnait en elle comme une langue secrète, que la mer lui soufflait à l'oreille des choses crues. Katarina goûtait aussi ce supplice, et je devinais à des gestes réprimés la torture de ne pas m'avoir en elle ; c'était une exquise et sadique consolation. Comme le soleil disparaissait dans un écrin cotonneux, derrière la pointe de l'anse, j'ai abandonné Katarina sur sa roche tiède, je me suis glissé sans bruit à l'eau et j'ai nagé jusqu'à la plage, un sourire effilé au visage.

29

Après m'être douché et changé, j'ai laissé devant la porte un mot griffonné à l'intention de Katarina et je suis remonté vers le bar, où on avait allumé toutes sortes de lampions colorés. Une odeur de grillades m'est parvenue tandis que je gravissais la pente, et j'ai soudain réalisé que j'avais monstrueusement faim. À mi-chemin, j'ai jeté un œil sur la plage, maintenant baignée d'une pénombre mauve, et j'ai constaté que Katarina nageait paresseusement vers le bord. Elle n'avait pas pris la peine de remettre son maillot, qu'elle tenait dans une main, et je l'ai épiée alors qu'elle émergeait de la mer, impudique et sereine. Elle a marché sans se presser vers la *casita* en s'essorant les cheveux, et une chaleur languide m'a inondé la poitrine, comme si l'air qui s'y engouffrait était tout à coup devenu brûlant. Son corps ne cessait d'avoir sur moi cet effet vertigineux et, lorsqu'elle était nue, il me fallait déployer un effort de volonté surhumain pour détourner mon regard vorace de ses petits seins fiers, de ses cuisses, de son sexe blond. Elle aspirait mon regard, me foutait du coton dans les genoux, sans même paraître se rendre compte de ce phénomène exceptionnel, de cette grâce obscène qui émanait d'elle.

Elle est entrée dans la *casita* et l'air s'est rafraîchi un peu. J'ai poursuivi mon chemin. Antonio Carlos Jobim jouait *Desafinado* sur la chaîne stéréo du bar. Je suis entré. Yannick a laissé son poste derrière le barbecue et s'est précipité pour m'accueillir. Dans la rue, je l'aurais à peine reconnu. Le grand dadais pâle et mou que j'avais connu s'était transformé en un solide gaillard, sorti tout droit d'une pub de jeans. Les cheveux aux épaules, un teint de bronze, une carrure de nageur, j'en suis resté coi.

— Ça me réussit le Mexique, hein? a-t-il dit, devant ma mine ébahie.

— Je t'aurais pas reconnu, honnêtement…

— Allez, viens m'embrasser, grand con!

Sur quoi il m'a soulevé de terre, me broyant deux vertèbres.

— Aahh, merde! Je me suis vraiment ennuyé, m'a-t-il grogné à l'oreille.

Je me suis souvenu brutalement de toute l'affection qu'il avait pour moi, cet énergumène, et ça m'a un peu remué qu'il me dise ça. Pour moi, il avait été une de ces étoiles filantes qui disparaissent de votre horizon sans crier gare, de ces gens qui bougent un peu trop vite pour qu'on les suive. Il m'avait manqué aussi, Yannick, mais je ne m'en rendais compte que là, soudainement, et je me sentais chiche. Je l'ai embrassé sur la joue.

— *Cesar ! Margaritas, por favor !* a-t-il crié en direction du bar, puis s'adressant à moi : Écoute, il a quatorze ans, et c'est le meilleur barman que j'aie jamais connu ! Tu vas voir, je te jure, à côté de lui, t'es un débutant... Une vocation !

— Il joue pas de la guitare, au moins... j'ai dit.

— Ben justement, il commence, le petit salaud ! Mais attends de goûter ses margaritas... Rien de tel sur la côte ouest...

Il a regardé en direction de la petite scène.

— Alors, t'aimes mon installation ? Ça m'a coûté un prix de fou, juste les amplis. Et la Fender, j'te dis même pas... deux fois le prix, facile. Mais c'est une vraie, pas une saleté de copie japonaise.

— Ouais, j'y ai touché. Bonne guitare.

Il s'est frotté les mains.

— Ah, ah ! Ça fait plaisir d'avoir des gens de chez nous ici ! Ça a beau être le paradis, il y a des jours un peu longs, si tu vois ce que je veux dire... Mais à propos de gens de chez nous, elle est où ta conquête ?

— Je sais pas, elle doit être en train de se changer, on a été nager tantôt...

— Pas la blonde sur la roche ?!?

— Tu l'as vue ? ai-je demandé, un peu mal à l'aise.

Il a mordu son poing pour toute réponse, les yeux exorbités.

— Si je l'ai vue ? Une vision, *amigo* ! J'ai remercié le ciel, et comme si c'était pas assez, j'ai attrapé un thon de soixante kilos dans la demi-heure suivante. Je commence à croire en Dieu. Mais qu'est-ce que c'est que cette fille ? C'est elle qui est en train de se changer dans ma *casita* ?

— C'est elle. C'est Katarina.

«… Avec un *k*», ai-je ajouté pour moi-même.

— Ouais, ben faudra que tu m'expliques, Alex…

Yannick a laissé la charge du barbecue à quelqu'un d'autre et on est allés s'asseoir sur la terrasse avec nos margaritas. Des chauves-souris passaient autour de nous, traçant des estafilades sombres dans le ciel mauve.

— Alors, t'aimes mon petit domaine? m'a demandé Yannick en se calant dans une chaise longue.

J'ai hoché la tête, cherchant les mots.

— Un rêve, Yan. Et toi, t'es avec quelqu'un ici?

Il a fait la moue.

— Non, pas en ce moment. J'étais avec une Allemande jusqu'en janvier, une fille qui travaille en biologie marine à Vallarta, mais on se voit plus. On a été ensemble… je sais pas, huit mois…

— C'était pas bien?

— Ouais, c'était génial. C'est pas la question…

C'était louche comme réponse, ça prêtait flanc…

— Et la question, c'est…?

— Non, c'est qu'on avait des incompatibilités sur le plan des valeurs, sur ce qu'on trouvait acceptable, tu vois, en termes de comportement… enfin, dans le sens de l'un envers l'autre, je sais pas, il y avait…

— En clair, ça veut dire quoi, tes conneries…? ai-je coupé.

Il a regardé par terre en souriant. Ce n'était pas vraiment une esquive, sinon il ne se serait pas aventuré sur ce terrain. Il avait juste une sorte de réticence gamine. Il a soupiré, a ouvert la bouche deux fois, s'est ravisé, puis finalement, d'un ton accablé :

— J'ai couché avec sa sœur.

On a éclaté de rire en même temps. Il était vraiment con, je l'adorais.

— Et t'es pas avec sa sœur, maintenant?

— Non, non, elle était seulement là en vacances.

— Ah.

— Oui… Ah, a-t-il continué, le regard dans le vague, l'air tout de même amusé. Mais bon, si on se met à tout calculer, hein…

Je n'ai rien répondu, j'ai dû avoir un haussement de sourcils. Katarina est entrée. Je lui ai présenté Yannick, qui lui a souri timidement comme un adolescent. Il s'est d'ailleurs effacé aussitôt, prétextant qu'il lui fallait s'occuper de son gril. Il a envoyé un autre margarita à notre table. Katarina avait rosi des joues et elle semblait particulièrement détendue. « On n'est pas bien là? » lui ai-je demandé. Elle a souri, le regard au loin. Elle avait encore son petit pli soucieux au front.

— Comment était l'eau, alors?

Elle m'a dévisagé de bas en haut un moment, comme si je lui avais adressé la parole en swahili.

— Elle était bonne. J'ai dormi un peu sur une roche, c'était doux. Mais je pense que j'ai pris un peu trop de soleil, ça commence à chauffer.

— Tu mettras de l'aloès, ça pousse partout ici. Alors t'as bien dormi sur ta roche? ai-je insisté, guettant un sourire qui serait venu du ventre.

— Très bien. J'ai vu des pélicans plonger aussi. C'est impressionnant, non?

— Ouais.

Pas la moindre étincelle de complicité dans son regard.

En un éclair m'a effleuré le soupçon absurde qu'elle dormait vraiment sur sa roche, que je ne l'avais jamais réveillée, et puis dans la même seconde, un second flash autrement incongru, venu télescoper le premier : l'idée qu'elle ne savait pas nécessairement *qui* était venu la trouver sur sa roche, ou pire, qu'elle ne voulait pas le savoir. C'était ridicule, il était mille fois plus plausible qu'elle veuille simplement garder intact le charme anonyme de l'épisode ; n'empêche, la possibilité, même aberrante, était vertigineuse. J'ai voulu chasser cette idée de mon esprit, mais je n'étais pas de taille à lutter contre son envoûtement vénéneux. Une part toxique de mon être était fascinée, inexorablement séduite. Une chaleur familière m'a envahi le bas-ventre et je m'en suis voulu, me maudissant d'être si peu maître des forces qui m'habitaient. J'ai eu violemment envie d'elle, de trousser sans ménagement sa robe fleurie, de la prendre à revers comme une brute sans visage. J'ai commandé un autre margarita. Histoire de tromper ma faim.

Yannick est revenu, chargé d'un énorme plateau de grillades. Des steaks, des côtes de porc, quelques rougets entiers et des darnes de thon ; puis des haricots noirs, du maïs grillé, trois ou quatre sortes de salades et le traditionnel assortiment de sauces mexicaines incendiaires, masochisme liquide. J'ai attaqué sur tous les fronts, avec une voracité presque inquiétante — ou à tout le moins amusante, à en juger par la mine de Yannick et Katarina. Mais c'est le thon qui m'a arraché les soupirs les plus reconnaissants. Encore rose à l'intérieur, romarin, citron, poivre. Émouvant qu'il était, ce thon.

Fidèle à moi-même, je me suis empiffré, si bien que je

suis tombé dans un coma digestif profond dix minutes après la dernière bouchée. Yannick m'a préparé un espresso arrosé au rhum pour me sortir de ma torpeur, mais c'était peine perdue, j'étais K.-O., alors que les deux autres zigotos rigolaient à grands coups de tequila Cazadores, celle qui ne donne pas mal à la tête selon Yannick. Vaguement étourdi par leur conversation que, de toute façon, je me voyais dans l'incapacité de suivre, je me suis parqué dans une chaise longue au bout de la terrasse, devant l'océan. J'ai regardé casser les vagues. Une sorte de plancton phosphorescent, qui lors de certaines marées se trouve refoulé vers les côtes, faisait briller l'écume de brèves lueurs verdâtres. L'effet était assez curieux et avait quelque chose d'hypnotisant. Je souriais comme un débile léger. Un serveur, qu'on appelait Bebo, est venu me demander si j'avais besoin de quelque chose. Je lui ai répondu que non, je n'avais besoin de rien. Il s'en est allé et j'ai continué à répéter cela, bêtement : « Je n'ai besoin de rien… je n'ai besoin de rien », et ça me faisait rigoler chaque fois. Débile léger.

Il y avait un feu qui brillait faiblement sur la plage.

30

Je me suis endormi dans la chaise longue et personne n'a eu l'énergie de me conduire à la *casita,* puisque je me suis réveillé dans la même posture, aux premiers rayons du soleil. On m'avait recouvert d'un châle de coton, mais je frissonnais tout de même. Je me suis levé, un peu désorienté, et je suis allé derrière le bar me prendre un jus d'orange. Puis j'ai préparé du café. Personne n'était debout. J'ai jeté un œil dans l'arrière-boutique, qui servait de chambre à coucher à Yannick. Il ronflait dans son hamac et n'était sans doute pas près de se réveiller, si je me fiais à la bouteille vide de Cazadores qu'il tenait d'une main molle contre sa poitrine.

Je suis descendu à la plage, en sirotant lentement mon café. Je me suis demandé pourquoi j'avais été voir si Yannick dormait, et je devais bien m'avouer qu'en fait je voulais m'assurer qu'il avait dormi seul. Je me trouvais ignoble, mais je n'arrivais pas complètement à faire confiance à Katarina. Peut-être aurait-il été profondément arrogant de ma part de lui accorder ma confiance; quel genre de comptes avait-elle à me rendre, de toute façon? Aucun. Quant à Yannick, je n'aurais jamais réussi à le tenir pour responsable d'un tel incident, tant il me semblait avoir élevé la désinvolture au rang d'un art de vivre, ce que je lui enviais. En vérité, je me payais, de manière purement hypothétique, *le coupable le plus abordable*, une expression de Félix.

Chose plus troublante encore, je prenais conscience que la perspective de trouver Katarina dans le hamac de Yannick n'éveillait pas en moi les sentiments auxquels je me serais attendu. Étrangement, j'imaginais la scène sans la moindre effusion, sans peine et sans rage; juste, peut-être, le sentiment de devenir une sorte d'intrus, ce qui m'agaçait. Je n'y comprenais rien à vrai dire. J'avais beau chercher, me remuer, je n'arrivais pas à faire poindre en moi la moindre jalousie digne de mention. Non, il n'y avait à l'horizon qu'un futile agacement. J'ai pressé le pas.

J'ai hésité à entrer dans la *casita*, craignant de réveiller Katarina, qui, vraisemblablement, avait besoin de sommeil. J'ai juste pris mon maillot de bain qui séchait sur la véranda et je suis parti pour la grande plage, où j'avais vu le surfeur la veille. Le sentier qui menait de l'autre côté de la pointe s'avérait plus abrupt qu'il n'y paraissait. Et il était bordé de ronces qui m'entaillaient les mollets. J'ai pensé rebrousser chemin à mi-parcours, mais ça m'aurait foutu en rogne, alors j'ai persévéré. Sur l'autre versant, le sentier était nettement mieux entretenu, les ronces y étaient plus rares, et j'ai pu dévaler la pente sans me charcuter davantage. J'ai marché dans l'eau salée un moment pour désinfecter toutes ces petites stries rouges et piquantes. Ça me brûlait mais l'eau était fraîche et j'éprouvais un plaisir masochiste à me soigner ainsi à la dure.

Mon surfeur ne semblait pas être debout de si bon matin et la plage était déserte. J'ai quand même décidé d'y marcher sur toute sa longueur, quitte à ramasser des coquillages. Dans la lumière du matin, la mer était d'un bleu acier, ridée de vagues acérées. Question de vent, sans doute. Après une centaine de mètres, j'ai repéré une petite construction en bordure de la plage, rien de plus qu'une sorte de hutte en terre, dissimulée derrière une haie d'hibiscus. M'approchant un peu, j'ai pu apercevoir un type assis à l'ombre, une tasse à la main. Il regardait fixement vers le large, si bien qu'il ne m'a pas vu arriver. Je lui ai dit bonjour de loin, pour ne pas le surprendre. Il ne m'a pas répondu, il n'a même pas dirigé son regard vers moi. J'ai approché encore et j'ai répété mes salutations, m'efforçant d'avoir l'air sympathique. Il m'a regardé, m'a adressé un hochement de tête vaguement agacé, puis a repris sa contemplation immobile. J'allais m'éloigner sans demander mon reste lorsque j'ai avisé, appuyées contre le mur de côté, quatre ou cinq planches de surf. Je n'avais pas imaginé mon surfeur comme ça. Il avait cinquante ans peut-être, cinquante-cinq à tout casser, les cheveux gris, longs et noués en queue de cheval. Il devait faire dans les quatre-vingt-dix kilos, tout en épaules, en cuisses. Un buffle. Un visage un peu rond, presque enfantin, paré de petites lunettes rondes, comme celles de Félix. Et il ne me regardait toujours pas. Mal élevé, le surfeur. J'ai décidé de prendre le buffle par les cornes, car depuis la veille, j'étais résolu à surfer sur les mêmes vagues que ce gars, même si le désir ne se précisait qu'en ce moment. Je me suis assis dans le sable à quelques pas de lui et j'ai observé l'océan aussi, m'efforçant de saisir ce qui absorbait tant le gars qu'il en négligeait les civilités les plus élémentaires. Au bout d'une minute ou deux, je lui ai demandé en espagnol si c'était une bonne journée pour le surf. Il a haussé les épaules avec un brin de mépris. J'enrageais mais je n'ai pas insisté. Je me suis calé les coudes dans le sable et j'ai attendu, en fixant l'horizon.

Sept heures. Huit heures moins le quart. Dix heures vingt. De temps à autre, le gars me regardait du coin de l'œil, sans expression, puis il se replongeait dans son immobilité. Après environ une heure à trépigner intérieurement, je m'étais apaisé et j'étais à présent dans un état proche du sommeil, les yeux grands ouverts, complètement absent. Cette sorte de transe était une faculté que j'avais développée durant l'enfance — plus précisément, en fait, depuis mon entrée à l'école primaire. Cette propension s'était résorbée quelque part durant l'adolescence, mais à mon grand plaisir, je n'avais pas perdu la main. Mon surfeur avait besoin d'être patient s'il voulait m'épuiser à son petit jeu. « Enfant très dissipé », écrivait Madame Montellier sur mes copies, « élève distrait », « inattentif », « absent », comme si cette avalanche de synonymes allait convaincre mes parents de me balancer les gifles rédemptrices, dont cette conne de nonne abusait avec délectation. J'aurais bien voulu la voir, cette chipie, assise dans le sable, à attendre avec mon stoïcisme granitique une leçon de surf.

À onze heures, le type s'est levé de sa chaise et ça m'a fait l'effet d'une décharge électrique. Un type qui se lève de sa chaise, ça n'a rien de stupéfiant en soi, mais quand il y a quatre heures qu'on attend l'événement, disons que ça saisit. Il était encore plus grand debout. Il m'a dévisagé un instant puis, comme si l'on se croisait dans un cocktail, il m'a dit en français : « Salut. Moi, c'est Bernard », et il m'a tendu la main en souriant. « Alex », j'ai répondu en lui serrant la main.

— Tu veux une bière, Alex ?

— Ouais, ce serait parfait, Bernard.

Il est disparu un moment dans l'ombre de sa hutte et en est ressorti avec deux bouteilles, qu'il a décapsulées à l'aide d'une bague qu'il portait au pouce. Il m'en a mis une dans la main et s'est accroupi dans le sable.

— Santé…

— Santé.

On a trinqué. Il s'est essuyé les lèvres du revers de la main et il a observé la houle quelques secondes.

— Ouais, et puis pour ta question, je pense que ça va être une bonne journée pour le surf.

On a bu notre bière tranquillement. De temps à autre, Bernard m'observait une seconde ou deux. Il avait l'air amusé.

— T'es déjà monté sur une planche ? m'a-t-il demandé.

— Tu veux dire… tenir debout dessus ?

— Oui.

— Une fois, vraiment. Au Portugal.

— Les vagues sont moins généreuses ici, je te le dis tout de suite.

— J'ai de l'équilibre.

— Ah bon… il a fait en souriant, montre-moi…

Je n'étais pas sûr de ce qu'il voulait.

— Euh, quoi... sur une planche?

— Non, non... Montre-moi que t'as de l'équilibre, je sais pas... Tu sais rien faire?

J'ai réfléchi un moment. Je me suis remis debout, dans la posture dite du tigre — l'un des cinq animaux emblématiques de l'école Shaolin. J'ai inspiré un grand coup et j'ai levé mon pied droit très lentement, de côté, jusqu'à hauteur du visage. J'ai tenu la position quelques secondes, parfaitement immobile, puis j'ai fait un tour complet sur moi-même, avec la même lenteur, sur la pointe du pied gauche. J'ai ramené le pied droit à sa position exacte de départ, me fiant à l'empreinte laissée dans le sable. Je me suis rassis. Il y avait cinq ans que je n'avais pas fait ça et j'étais bien content de ma démonstration sans faille. Il n'aurait pas fallu qu'il me demande de le refaire. Je m'étais étiré quelque chose dans la cuisse, ça brûlait.

— Hmm... Ça vaut rien dans une ruelle de Vallarta à cinq heures du matin, mais comme ça, sur la terre ferme, c'est pas mal... T'es capable d'une certaine discipline, on dirait...

J'ai haussé les épaules.

— Bon alors, reviens vers trois heures, la mer sera plus facile.

J'allais protester, mais j'ai songé à ce qu'il m'en avait coûté pour qu'il daigne m'adresser la parole et j'ai fait oui de la tête. D'ailleurs, je commençais à avoir faim. Alors je m'en suis retourné d'où j'étais venu. Comme je partais, Bernard m'a lancé :

— Au fait, Bruce Lee, tu ferais mieux de prendre le sentier de gauche pour traverser la pointe, si tu veux qu'il te reste des mollets cet après-midi.

31

J'ai rejoint Yannick à la cuisine. Il avait le regard vitreux mais semblait tout de même de belle humeur.

— Alors, où t'étais passé ? T'es allé te recoucher en bas ?

— Non, j'ai marché sur la grande plage un peu. Katarina n'est pas debout ?

— Pas vue. Tu vas prendre de l'omelette ?

— S'il y en a assez, ouais.

— Il y a assez de tout, ici. Et s'il manque de quelque chose, ça s'arrange.

Il avait l'air bien, Yannick. Tellement mieux que lorsque je l'avais connu, en tout cas. Je me souvenais de lui deux ans plus tôt. Je n'avais jamais vu un gars aussi stressé de ma vie, je crois, toujours en train de se plaindre de son restaurant, de sa voiture, de sa copine lorsqu'il en avait une, du temps qu'il faisait, de tout. Il était à l'université en philo lorsque son père était mort bêtement, d'un accident de chasse. Du jour au lendemain, il s'était retrouvé avec un restaurant, deux voitures, des tonnes de fric, trois immeubles à logements et sa mère complètement hystérique sur les bras. Il avait géré tout ça durant un an, dans un constant état de demi-panique, qu'il désamorçait dans de dangereux excès. Il rentrait au bar à deux heures et demie, me commandait du cognac pour tout le monde et ressortait aussi vite avec deux ou trois nouveaux amis, qu'il embarquait dans une galère de trente-six heures. Il mettait dix jours à réparer les pots cassés, puis ça recommençait. Flamboyant et malheureux. Puis sa mère s'était remariée, ce qui n'arrangeait rien, outre le fait que ça lui ouvrait une porte ; il avait tout laissé à son nouveau beau-père, un gros rustre qui ne demandait rien de mieux que de gérer un restaurant bien coté, où venaient manger des vedettes de la télé. Yannick s'était pris quelques dollars et avait envoyé promener tout le monde.

Comme s'il avait lu dans mes pensées, il m'a dit, en retournant son omelette :

— Tu sais, c'est un peu de ta faute si je suis venu m'installer ici.

— Ah bon ?

— Bon, pas directement, mais quand même... C'est un peu nos conversations, l'après-midi, quand je venais prendre mon café après une dérape, tu te souviens ? On jouait au scrabble...

— Je me souviens que ça filait pas très fort, mais je me rappelle pas t'avoir dit de descendre au Mexique...

— Non, c'est pas ça... mais c'est toi qui me faisais comprendre que tout ce que j'avais, ça valait rien si ça me rendait pas heureux. Tu te souviens vraiment pas ?

J'ai haussé les épaules.

— T'as compris ça tout seul, Yan, j'ai dit.

— Bah… peut-être. Non, mais t'avais un regard, je sais pas…

— Un regard?…

— Ouais, quelque chose comme un regard… *désolé.* Ça me rentrait dedans, tu peux pas savoir. Et puis tu faisais tes trucs, c'est quoi… littérature?… et tu t'en foutais pas mal où ça te menait, ça n'avait même pas l'air important pour toi. Ça m'impressionnait.

— T'étais bien en philo, toi…

— C'est pas pareil, c'était pour faire chier mon père.

J'ai ri.

— Ouais, eh bien, ce qui m'impressionne, moi, c'est les gens qui savent ce qu'ils veulent et qui payent cher pour y arriver… Pas les indécis comme moi, si tu veux mon avis…

— Et pourtant, ça prend du courage, l'incertitude…

— N'importe quoi! Ça prend de la patience, à la rigueur… Et puis peut-être une sorte de tolérance à l'apathie, c'est tout…

Il nous a servi deux solides portions d'omelette dans de jolies assiettes peintes. Il m'en a tendu une.

— Tout ce que je sais, Alex, c'est que c'est en sortant d'une partie de scrabble avec toi que j'ai acheté mon billet pour ici, un aller simple…

On s'est installés à table, à l'ombre d'un cocotier.

— … puis j'ai tout réglé en trois heures, j'ai signé des liasses de papiers, d'attestations, de mandats, d'autorisations, et je suis arrivé ici à deux heures du matin, la journée même, *amigo*… Bon appétit.

32

Étendue dans le hamac, Katrina écrivait avec une application un peu butée dans son carnet fleuri. J'ai poussé la porte-moustiquaire et suis entré dans l'ombre légère de la véranda. Elle n'a pas levé les yeux. Je me suis assis à côté, dans un vieux fauteuil en rotin blanchi par l'air salin. J'ai pris un bouquin dans mon sac à dos. Je suis tombé sur *Paradis perdu* d'Hemingway, l'ai ouvert au hasard. Me suis laissé happer un moment. Katarina a refermé son journal brusquement, avec un soupir. J'ai levé un œil.

— Bien dormi?

Elle a haussé les sourcils puis a touché son épaule du bout du doigt, me désignant sa peau que trop de soleil avait rendue écarlate.

— Ah… faut se méfier les premiers jours…

— Sans blague? a-t-elle grincé.

Je ne lui connaissais pas ce côté abrasif, mais je pouvais comprendre qu'une mauvaise nuit de sommeil additionnée d'une cuite, ça a de quoi rendre irritable. Je me suis remis à Hemingway, après une tentative de sourire compatissant. Salaud d'Hemingway. Fluide à en devenir insupportable. « Comment *ça marche*? » me demandais-je toujours en le lisant, comme devant un rébus trop simple. J'ai souri à l'idée saugrenue que Katarina était la parfaite antithèse d'Hemingway. Je sentais que les choses, entre elle et moi, se complexifiaient à un rythme exponentiel. Je n'avais pas l'impression d'en être l'instigateur, et pourtant il me paraissait étrange que ce genre de spirale puisse s'amorcer sans un déclencheur net, identifiable. Depuis l'atterrissage, en fait, elle était particulièrement rêche avec moi. Et hormis ce moment sur la roche, dont je ne saisissais pas tout à fait, disons, les *contours*, nous avions l'air d'un couple blasé se livrant une sourde guerre. Il me semblait même que plus je m'efforçais d'être gentil, de lui laisser de l'espace, et plus elle me traitait en salaud. J'ai refermé le bouquin et j'ai décidé de tenter un petit test. J'avais avec moi un manuel de serbo-croate que j'avais acheté une semaine plus tôt. Katarina avait trouvé le geste charmant, d'autant plus que je m'étais mis à l'ouvrage avec une réelle et touchante assiduité. Je savais dire, entre autres choses : « maison », « voiture », « manger » ; je maîtrisais deux ou trois insultes de même qu'une panoplie d'avances sexuelles explicites. Et mon accent, semblait-il, était à peu près correct, sauf pour ces saletés de *r* que je n'arrivais pas à rouler convenablement. Curieusement cependant, j'avais cru remarquer que l'intérêt que je portais à sa langue maternelle s'était vite mis à emmerder Katarina.

J'ai donc sorti mon petit manuel illustré et, en guettant Katarina du coin de l'œil, je me suis mis à réviser à voix basse mes conjugaisons. À peine avais-je prononcé trois syllabes qu'elle s'est levée d'un bond et est sortie en claquant la porte. J'en suis resté tétanisé, incapable de comprendre comment j'avais réussi ça. Elle s'est éloignée sur la plage d'un pas rageur, me laissant à me demander quand et comment j'étais devenu un individu aussi parfaitement exaspérant. J'ai rangé mon petit manuel et j'ai repris Hemingway. Le journal de Katarina était resté dans le hamac et, pendant une demi-seconde, l'envie malsaine d'aller y mettre le nez m'a effleuré.

33

À trois heures, j'étais devant la hutte de Bernard. Je m'attendais à ce que mes premières leçons de surf se résument à des exercices idiots sans planche, du genre : « Repeins ma hutte » ou « Balaie la plage jusqu'au coucher du soleil et ne pose pas de questions », mais il m'a juste dit de me choisir une planche et de venir à l'eau. Je ne me suis pas fait prier. J'ai pris la plus belle, jaune serin avec trois ailerons bleus, j'ai passé le filin à ma cheville et j'ai couru rejoindre Bernard, qui avait déjà passé la barre et m'attendait patiemment sur sa planche.

Après m'être fait culbuter trois fois, j'ai réussi à passer sous la vague et à atteindre la zone plus calme au-delà. J'étais déjà à bout de souffle, la bouche pleine de sel.

— Alors, qu'est-ce qu'on fait maintenant ?
— On attend.
— Et celle-là qui arrive ? Elle est pas bonne ?

— Je sais pas, essaie…

J'ai dirigé ma planche vers la rive et j'ai ramé un peu, pas trop, attendant de voir comment la vague se développerait. Voyant qu'elle prenait du temps à lever, j'ai ramé plus vite ; à dix mètres derrière moi, j'ai eu l'impression qu'elle allait casser, alors je l'ai attendue. Elle m'a soulevé, je me suis senti pousser vers l'avant, mais arrivé au faîte, j'ai bien vu qu'il était trop tôt. J'ai ramé de toutes mes forces pour rester sur la pente, mais la vague m'a dépassé, se brisant deux mètres devant moi. J'ai fait demi-tour. Une autre vague arrivait droit sur moi, et contrairement à la précédente, elle était bien mûre. Je me suis remis en position et je l'ai attendue, solidement agrippé aux bords de la planche, la trouvant un peu grosse, cette vague. Par chance, j'étais parfaitement au bon endroit ; cependant, je n'avais aucun élan et je me suis soudain retrouvé dans un angle abrupt, propulsé vers l'avant. J'ai tenté de me lever sur la planche, mais j'ai culbuté carrément par-dessus. J'ai fermé la bouche et les yeux, prêt à passer le mauvais moment qui m'attendait. Ce fut rude. Et pour finir, je me suis pris la planche sur la tête. Les remous m'ont traîné jusqu'au bord et m'ont laissé suffocant, à quatre pattes dans l'écume, avec la planche, prise dans le ressac, qui tirait sur le filin passé à ma cheville et m'empêchait de me remettre debout — en supposant que j'en aurais eu la force. Je me suis assis comme un con dans le sable et j'ai regardé Bernard prendre une lame de deux mètres et filer noblement jusqu'au bord, d'un air détendu.

Le reste de l'après-midi a ressemblé à ça. L'attente, l'effort, la débâcle. Meurtri, battu, exténué à m'en vomir les poumons, je m'obstinais. Trois fois j'ai réussi à me mettre debout et à tenir quelques secondes avant la raclée, et je revenais vers Bernard un sourire aux lèvres, ragaillardi. Il me trouvait persévérant, je crois. Nul mais entêté. Vers sept heures, alors que le soleil disparaissait derrière la pointe, Bernard a déclaré qu'il n'avait plus vingt ans et que ça lui suffisait. On a pris une dernière vague pour rentrer au bord, lui dessus, moi dessous. J'aurais bien continué toute la nuit, mais j'avais les épaules mortes, brûlées par le crawl malaisé qui est le seul mode de propulsion sur une planche de surf. Je me suis traîné jusqu'à la hutte, titubant sous les quelques kilos de ma planche. Bernard a débouché deux bières et on s'est affalés lourdement dans le sable chaud. Je me suis demandé où j'allais puiser la force de rentrer chez Yannick.

— Alors tu t'es bien amusé, Bernard?

Il m'a regardé en souriant.

— Tu réfléchis beaucoup…

— O.K… et c'est mauvais?…

— Non, pas mauvais. Façon de faire, je suppose.

Il a pris une longue gorgée de bière, puis il a plissé les yeux un moment. Il s'est pincé le menton.

— T'es assez drôle à voir… Ce qui est comique, c'est que dès que tu perds la maîtrise de la situation, dès que t'arrêtes de réfléchir, là tu t'en sors assez bien…

— Quand je me fais ramasser par une vague? ai-je dit en ricanant.

— Tu ris, mais j'ai rarement vu quelqu'un se faire brasser autant sans se casser une cheville ou se claquer un muscle. Disons que… ça prend un certain talent!

Il a éclaté d'un grand rire d'enfant, enchanté par son propre humour.

— Question d'entraînement.

Ça l'a fait rire de plus belle, tellement qu'il a ouvert deux autres bières. Je me suis allumé une cigarette et lui en ai offert une. L'horizon était orangé, strié de rose. Au sud, une brume pourpre enveloppait les montagnes et un halo léger voilait la lune. Bernard a hoché la tête pensivement.

— Ça va être très gros demain, il a dit.

Il me faisait bien rire avec sa météo méditative.

— T'es quoi, Bernard ? Une sorte de devin ?

— Non, je suis météorologue.

— Ah !… ai-je répondu, penaud. Et il y a longtemps que t'habites ici ?

— J'habite pas vraiment ici, j'habite là.

Il a pointé un doigt vers la mer. Un moment, j'ai cru qu'il faisait de la mauvaise poésie et j'ai juste regardé dans la direction indiquée en réprimant un sourire. Puis j'ai remarqué, dans la brume, un ketch d'une trentaine de mètres ancré au bout de la baie.

— Le bateau là-bas, c'est à toi ?

— Hmm…

— Eh ben… Il s'appelle comment ?

— *Francesca.*

Je n'y connaissais rien, mais il devait valoir un joli paquet d'argent, son voilier. Ça ne cadrait pas très bien avec le gars que j'avais à côté de moi. Ou peut-être bien que oui, au fond.

— Et c'est quelqu'un, Francesca ? ai-je risqué.

— Plus personne, non.

— O.K.

Une formation de pélicans est passée au ras des flots, en un vol plané d'une étonnante précision. « L'armée de l'air mexicaine », comme les appelait Yannick. J'ai fini ma bière et je me suis levé. Je n'avais pas envie de gravir le sentier en pleine obscurité et j'ai songé à inviter Bernard à manger avec Yan et Katarina, mais je me suis ravisé, devinant qu'il avait eu sa dose de contacts sociaux pour la journée.

— Quelle heure demain, Bernard ?

Il a réfléchi un instant.

— Début d'après-midi. Ça va être gros.

— Parfait, on verra si j'ai vraiment ce *certain talent*…

— Non mais… ça va être très gros, sérieusement.

— Donc très intéressant, ai-je conclu en haussant les épaules.

Il m'a souri. Je suis parti tranquillement, m'efforçant de dissimuler le léger tremblement de mes membres en compote. Le long du sentier, j'ai brisé une tige d'aloès et m'en suis badigeonné le visage et les épaules, qui s'étaient mis à chauffer dans la brise du soir. J'ai été me doucher dans la *casita*, constatant au passage dans le miroir que j'avais un teint de crustacé bien cuit. Katarina n'était nulle part, son carnet reposait toujours dans le hamac. En sortant, j'ai posé l'index dessus, juste pour aiguiser la tentation ; voir si j'étais capable d'une telle indiscrétion. Je me familiarisais un peu trop avec l'idée. La nuit était fraîche, je me suis pris une bonne chemise et suis sorti.

C'était vendredi soir à la *Casa loca* et j'entendais d'en bas Yannick se réchauffer sur les congas. Il s'en tirait bien. Je me suis arrêté en chemin pour écouter, marquant le rythme du pied, à l'affût d'une faille, d'un écart, mais il jouait serré, l'animal. Je suis monté au bar.

Il m'a salué bruyamment, sans s'arrêter de jouer. Un

jeune Mexicain était en train de brancher sa basse et Yannick m'a fait signe de me mettre à la guitare. Des crevettes géantes cuisaient sur le gril — *camarónes* en espagnol, terme nettement plus viril, qui donne une bien meilleure idée du genre de bestiole dont il s'agissait — et j'avais atrocement faim, mais j'ai empoigné l'instrument tout de même, prévenant Yannick qu'on en jouerait une seule avant la bouffe. J'ai fait signe au type à la basse de commencer quelque chose et, à sa moue indécise, j'ai répondu par un haussement d'épaules voulant dire « ce que tu veux ». Il a entamé une ligne de funk lourd en *mi*, pas très élaborée mais bien campée. J'ai laissé passer quelques mesures en me déliant les doigts sans volume, le temps de bien sentir la couleur de l'affaire. Puis j'ai attaqué sobrement, dans un style qu'on pourrait qualifier de *métal mariachi*. Ça ne sonnait pas mauvais du tout et Yannick arborait derrière ses congas un sourire incendiaire. On a tenu le thème quelques minutes, puis sans que je comprenne comment, ça s'est transformé en du Santana, j'ai réussi à me tirer d'affaire pas trop mal et le bar en entier s'est mis à chanter ; il devait y avoir une cinquantaine de touristes dans l'endroit, une vingtaine de Mexicains, des gens se sont mis à danser sur les chaises, des instruments se sont ajoutés, bongos, sax, maracas et, curieusement, un violon, des tequilas me sont parvenues mystérieusement et je n'ai pas réussi à mettre la main sur le moindre *camarón* avant deux bonnes heures.

On a finalement pris une pause, je me suis monté une belle assiette de crevettes à l'ail et j'ai rejoint Yannick sur la terrasse. La chaleur à l'intérieur était étouffante et nous étions tous deux en nage.

— T'as vu Katarina ? lui ai-je demandé.

— Ah non, elle est allée faire un tour à Vallarta ce soir, avec Bebo, qui a une voiture.

— Ah.

— Ça n'a pas l'air de marcher très fort, elle et toi, hein…

— Non, pas très fort. Elle est pas évidente. Je sais pas… j'essaie, et plus j'essaie, plus on dirait qu'elle m'en veut. Je comprends rien, en fait.

Il m'a piqué une crevette, qu'il a décortiquée distraitement.

— J'ai discuté un peu avec elle, hier soir. Elle a pas une vie facile, on dirait.

— Des histoires compliquées, ouais.

— Des histoires pas tout à fait réglées, non plus, si j'ai bien compris… Elle m'a parlé de son ex… Mathieu ou quelque chose ? et ça n'a pas l'air terminé du tout…

— Ah.

— T'aurais pas précipité un peu les choses, à ce sujet ?

— Ben, forcément un peu…

— Cherche pas plus loin, Alex. Le voyage, c'est ton idée ?

— J'ai acheté les billets lundi, sur un coup de tête, on est partis mercredi matin. Alors oui, je suppose que c'est mon idée…

— Kidnapping… Pas nécessairement très sage de ta part.

— Je l'ai pas forcée, tout de même !

— Pas besoin, t'as accéléré les choses, t'as voulu l'arracher à ses problèmes, à son monde, sans lui demander son avis. Amputation préventive…

— Amputation préventive? N'importe quoi! C'était impulsif, joyeux, je voulais la surprendre, c'est tout. J'étais amoureux, merde.

Il m'a regardé un moment, narquois.

— Tu sais ce que tu viens de dire...

Je savais très bien que je venais de dire : « J'étais ». Mais contrairement à Marlène, qui vous creusait un lapsus avec une délectation entêtée, je n'étais pas très porté sur la sémantique de l'inconscient.

— Il n'y a pas de rapport d'exclusion patent entre le sème « j'étais » et le sème « je suis », alors n'en fais pas une montagne, Sigmund.

— Pff! Tu l'as dit, tu l'as dit, c'est tout... C'est à toi de voir s'il y a un... comment t'as dit? un *rapport d'exclusion patent*... Wow! Mêle-toi dans tes formules si tu veux, Alex... N'empêche, t'as pas l'air amoureux d'elle.

— Je vois mal comment je pourrais, elle me fait la gueule à peu près tout le temps...

— C'est déjà mieux que ton indifférence, non?

— C'est pas de l'indifférence, c'est de la perplexité.

— T'es un adorable con, Alex. Mais con quand même.

S'il croyait m'apprendre quelque chose, c'était raté.

34

Katarina est arrivée vers quatre heures, j'étais toujours dans Hemingway. Elle m'a jeté un drôle de coup d'œil en passant la porte de la véranda. J'ai refermé mon livre, me suis redressé un peu dans le hamac.

— Alors, c'était bien, ta soirée? ai-je lancé.

Elle a marmonné un « oui » étouffé.

— C'était bien, tu dis?

Elle m'a fixé un instant, titubante et hautaine, avec une moue d'aristocrate déchue.

— Ou-i-c'é-tait-bi-en, a-t-elle articulé, excédée.

Elle commençait à me taper sérieusement sur les nerfs avec son numéro. J'ai levé les yeux, observant un papillon de nuit qui percutait inlassablement l'ampoule nue qui pendait du plafond.

— Qu'est-ce que t'as, Katarina? ai-je lâché dans un soupir. Qu'est-ce que je t'ai fait de si terrible?

Elle a fixé le bout de ses sandales.

— J'ai pas envie de parler, O.K.?

— Mais t'as *jamais* envie de parler, merde! Qu'est-ce qui t'empoisonne la vie comme ça? Peut-être que je peux comprendre, si tu me laisses un peu entrer dans ta bulle! On était bien, il y a une semaine, non? Qu'est-ce qui a changé autant pour que tu me traites comme le dernier des salauds?

— Tout.

Il y a des petits mots qui foutent le vertige.

— Quoi, *tout*? C'est quoi comme réponse, *tout*?

— Aaahh! Mais tu comprends rien! a-t-elle crié, écumant entre ses dents serrées. T'es trop con!

Décidément, il y avait un consensus sur le sujet.

— Comprendre quoi, quoi, quoi!?! ai-je tonné, perdant un peu le contrôle sur le timbre de ma voix.

Elle m'a toisé avec un mépris indéfinissable. J'ai failli me sentir concerné.

— T'as besoin de mots, hein? a-t-elle raillé. Des mots, des mots, des mots! Juste des mots, pour tout arranger, pour tout tourner à l'envers ce que je dis et me le remettre dans le visage tout propre, tout transformé, pour me dire que ce que je viens de dire, eh ben, c'est pas ça que je veux dire, que toi tu *sais* ce que ça veut dire... Pour me faire une... une cage *avec des mots*. Tu voudrais que... que je... que je...

— Que tu parles! C'est « parler », le verbe que tu cherches, ma chérie...

J'ai regretté aussitôt la flèche. Mauvais moment pour l'ironie. J'ai remercié le ciel de n'avoir laissé traîner aucune arme blanche à proximité; Katarina m'aurait égorgé dans la seconde. Elle a avalé péniblement sa salive. J'avais l'impression d'avoir brisé le cou d'une marguerite — une marguerite carnivore, cela dit.

— Mathieu, tu vois, il me connaît, a-t-elle dit calmement, il veut savoir je suis qui. Toi tu t'en fous. T'as emmené un… un bibelot en voyage, un animal de compagnie. Tu t'en fous de savoir ce que je veux, mais tu fais bien semblant, j'avoue, tu fais *toujours* semblant, et puis je peux pas vraiment t'en vouloir, au fond, parce que tu te crois. Tu crois que tu m'aimes, peut-être? Pff… Tu t'aimes toi, mon vieux. Et peut-être aussi l'autre, celle qui t'a téléphoné à la Saint-Valentin. Je sais pas, je m'en fous. Tu veux savoir pourquoi j'ai pas l'air heureuse, vraiment? Même avec le soleil et la plage et ton ami supergentil, et tout, et tout? Tu veux savoir? Parce que j'ai fait mal à l'homme que j'aime, parce qu'il est en mille miettes à l'autre bout du monde, et que moi je suis ici, avec un hypocrite, qui sait juste me baiser, et moi j'ai cru que ça voulait dire quelque chose, que c'était un signe, ou je sais pas… Ah, merde, merde, merde! Puis au fait, le crisse de verbe que tu cherches, toi, c'est « vivre », pauvre con!

Je n'ai rien répondu. Katarina avait la lèvre frémissante et le regard embué. J'ai allumé deux cigarettes et lui en ai tendu une, qu'elle a prise. Elle s'est assise dans le fauteuil en rotin, le front appuyé sur ses mains, exténuée. On est restés un moment comme ça, à fumer en silence, avec le papillon qui se cognait et se brûlait les ailes au-dessus de nous.

— Excuse-moi, c'est pas vraiment ça, a-t-elle murmuré, c'est pas juste toi… en fait, c'est pas toi, c'est… je sais pas… Il y a trop de choses qui se mêlent dans ma tête. Et c'est toi qui payes. Je t'avais dit de garder tes distances, un soir, non?

J'ai hoché la tête. Elle me l'avait dit, une fois, à la sortie d'une boîte de nuit où nous étions allés danser. On avait un solide coup dans le nez et je n'avais pas vraiment fait attention quand elle m'avait prévenu que je ne la comprendrais pas, qu'elle me ferait perdre la tête, qu'elle ne serait pas bonne pour moi. Elle s'était mise à pleurer sur mon épaule et moi, parfait imbécile, j'avais simplement été attendri, j'avais caressé ses cheveux d'ange sous un lampadaire, pendant qu'une petite neige scintillante se déposait autour de nous.

— Ben tu vois, Katarina, les mots ça peut servir, en fin de compte…

Elle a eu un sourire navré. Je la trouvais belle. J'aurais dû être enragé, venimeux, impitoyable. Mais je la trouvais juste belle. De loin, surtout.

— Qu'est-ce que tu veux faire ? lui ai-je demandé.

Elle a inspiré profondément, m'a fixé d'un air absent et tendre à la fois.

— Rentrer.

— Je vais m'en occuper demain. Il y a toujours des vols le samedi.

— Merci, m'a-t-elle soufflé, puis elle s'est penchée et m'a caressé la joue. Excuse-moi, a-t-elle ajouté, mais j'ai mis un doigt sur ses lèvres.

Ce n'était pas nécessaire. On ne s'est plus parlé. On a fait l'amour cette nuit-là et, pour la première fois, Katarina s'est endormie dans mes bras, sa bouche posée sur mon épaule. Les yeux ouverts, j'ai écouté les grillons chanter jusqu'à l'aube, dans une amère sérénité.

35

J'ai fait quelques appels en me levant et j'ai trouvé un siège pas trop cher sur Air Transat pour le vol de trois heures. Katarina a bouclé ses valises, elle a salué Yannick, qui l'a invitée à revenir quand elle voulait et avec qui elle voulait, puis on a pris un taxi pour l'aéroport vers midi. Yan ne m'a pas posé de questions, il a à peine tiqué quand je lui ai exposé, laconique, le programme de la journée. Il voyait bien qu'il n'y avait rien à dire, que tout ça était dans l'ordre des choses. Pendant le trajet, Katarina m'a semblé paisible, comme si elle baignait dans un calme tout neuf, et elle était beaucoup plus belle sans ce pli torturé au front. Nos conversations se sont limitées à l'essentiel et à quelques banalités sur le paysage. Je tenais sa petite main dans la mienne et elle caressait l'intérieur de ma paume. C'était une étrange situation : autant j'avais l'impression que ce départ anticipé était absurde, autant cela m'apparaissait comme la seule solution valable et raisonnable. Curieusement, il n'y avait aucune tension entre Katarina et moi, à présent, et dans cette atmosphère lucide, je me disais qu'elle aurait pu rester. Je n'étais ni triste ni vraiment amer ; juste un peu assommé. Presque étonné, en somme, de n'être pas plus dévasté par la tournure des événements. L'impression que tout cela résultait d'une erreur insignifiante, d'une bête faute d'aiguillage cosmique, s'il existe une telle chose. Les mots acides de la veille me revenaient en tête, sans violence, et je tentais de démêler l'authentique du fiel gratuit. Sans grand succès.

Je l'ai accompagnée à l'intérieur de l'aéroport, j'ai réglé le montant du billet. Katarina m'a promis qu'elle me le rembourserait au plus vite, pendant que je comptais l'argent au comptoir d'Air Transat, et j'ai eu un geste impatient de la main. Elle n'a pas insisté, elle me connaissait un peu, tout de même. Trois cent trente-six dollars pour sortir la tête haute, c'était dérisoire. Une triste aubaine.

On est montés à l'étage prendre un dernier verre au bar, d'où l'on voyait décoller et atterrir les avions. Puis ils ont fait l'appel de son vol. J'ai accompagné Katarina jusqu'au point de contrôle. Elle m'a fait la bise et m'a demandé de l'appeler à mon retour. J'ai hoché la tête en silence, je lui ai souri et je suis sorti de l'aéroport sans me retourner. Je n'ai jamais été très porté sur les grands adieux muets, le nez collé sur une cloison de verre trempé. Comme si on avait oublié de dire quelque chose.

J'ai pris l'autobus pour revenir. J'avais envie d'être entouré de visages inconnus, de sentir cette foule de vies parallèles à la mienne, secrètes et inaudibles, comme la rumeur diffuse de mille solitudes, qui emplit le silence sans le briser.

36

Après mes trois *tacos* à l'espadon, épicés à souhait, je suis allé rejoindre Bernard. Il était déjà dans l'eau. Dévalant le versant sud de la pointe, j'ai constaté qu'il ne s'était pas trompé au sujet des vagues : elles étaient vertigineuses et se brisaient dans un tonnerre assourdissant. Assis au bas du sentier sur une grosse pierre, je me suis demandé un moment si j'avais les tripes pour me mesurer à une mer aussi redoutable. J'ai fumé une cigarette en contemplant l'épouvantable déferlement, auquel succédait un ressac inquiétant, qui allait chercher haut sur la grève des galets énormes et les tirait vers le fond. J'ai réfléchi quelques minutes sur ma roche, car ce ne serait pas avec la planche sous le bras et le vieux misanthrope comme témoin que je me permettrais de changer d'idée. Concluant que je craignais davantage la peur que la mer elle-même, et que les risques courus restaient objectivement raisonnables, j'ai repris mon chemin vers la hutte. Ma planche jaune serin était déjà sur le sable, fraîchement fartée. Bernard savait que je viendrais, apparemment. J'ai passé le filin à ma cheville, j'ai ôté ma montre et le joli bracelet que j'avais acheté le premier jour, devant l'hôtel. Arrivé à mi-cuisse dans l'écume sifflante, j'ai cherché un geste superstitieux à faire avant de me jeter aux lions, l'équivalent d'un signe de croix ou quelque chose, mais je n'ai rien trouvé. J'ai juste poussé un juron entre mes dents, adressant dans le même souffle une vague menace au cosmos, l'assurant que ma mort en ces lieux et circonstances serait une faute de goût de sa part, que ça manquerait d'originalité. Chacun ses prières. Puis je me suis couché sur la planche et me suis mis à ramer. Bernard m'observait, immobile, et je me suis demandé si c'était pour me sauver de la noyade en cas d'urgence, ou juste par curiosité.

Une accalmie m'a permis de passer la barre de justesse ; une énorme lame a failli m'avoir mais j'ai tenu en équilibre sur sa crête durant une seconde interminable, à ramer comme un enragé, pour enfin la franchir sans être happé. Déjà vidé par l'effort, j'ai rejoint Bernard.

— J'ai cru que tu rentrais au bord avec elle ! m'a-t-il dit en souriant.

— Moi aussi. C'est vraiment gros aujourd'hui, hein...

— La plus grosse houle que j'aie vu ici, honnêtement. T'es certain que ça te dit encore ? Parce que si tu te fais ramasser par une comme celle que tu viens de passer, ça peut faire vraiment mal...

— Il est un peu tard pour changer d'idée, non ?

On s'entendait à peine parler. Tout ce vacarme avait

quelque chose de terrifiant. Bernard m'a souri pour toute réponse, mais une pointe d'inquiétude dans son regard m'a donné la chair de poule. Ça faisait « merde, merde, merde » dans ma tête.

— O.K., je te suis, Bernard! On va surfer! j'ai gueulé, pour me donner du courage.

— Ça devrait pas être très long…

Il s'est assis sur sa planche, a scruté l'horizon longuement. J'avais l'estomac noué. Après quelques minutes, il s'est remis à plat ventre, m'a fixé gravement.

— On y va? m'a-t-il demandé.

— On y va, bordel de merde de saloperie de merde, on y va.

On a ramé un peu vers la rive, côte à côte. Puis Bernard a jeté un œil derrière et il a levé la main, me faisant signe d'arrêter. J'ai risqué un regard aussi. Merde, merde, merde. C'était très gros. La vague était peut-être à cent mètres de nous et elle bouchait déjà l'horizon comme un mur.

— T'es sûr qu'on ne s'est pas trop avancés?

— Sûr, sûr… T'es drôle, toi. Tu crois que je calcule, Alex?

— C'est toi, le pro! Calvaire!

Il avait beau rigoler, Bernard, il n'avait pas l'air très gros sur sa planche, lui non plus. Il a ramé encore un peu, je l'ai imité. J'ai senti la planche s'incliner graduellement, puis glisser, doucement, sur la pente naissante. On a pris de la vitesse. Je gardais à l'œil les mouvements de Bernard, quelques mètres sur ma gauche, et je faisais la même chose. J'ai regardé la crête de la vague par-dessus mon épaule. Ça frisait déjà au sommet. J'avais l'impression qu'un édifice de quinze étages s'écroulait derrière moi.

Bernard s'est mis debout, sans perdre l'équilibre; après avoir respiré un grand coup, je me suis aussi levé d'un bond, priant pour que mes pieds se placent en même temps dans l'axe de la planche, ni trop loin devant, ni trop à l'arrière. Par miracle, j'ai tenu debout, battant l'air des bras pour conserver la position. La vitesse était incroyable, grisante. Puis j'ai senti la planche tirer à droite un peu, alors j'ai tenté de l'ajuster en déplaçant légèrement mon poids. Elle s'est mise à tirer à gauche, mais plus nettement. J'ai déplacé de nouveau mon poids. Un peu trop brusquement. La planche est partie dans une jolie gerbe d'écume. La dernière chose que j'ai vue avant le plongeon : une jolie gerbe d'écume.

Ça n'a pas cassé tout de suite. J'étais entre deux eaux, suspendu au beau milieu de ce mur translucide. De l'intérieur, c'était très beau, irréel un peu. Je me suis senti soulevé violemment, puis propulsé vers le fond, et tout est devenu blanc autour de moi. Mon épaule a frappé le sable et j'ai entendu quelque chose craquer dans mon cou. Aussitôt le remous m'a cueilli sur le fond, j'ai eu l'impression d'être aspiré. Puis encore le fond, mon genou sur une roche, j'ai essayé de m'agripper, mais trop tard. Je suis reparti dans la tornade de sable et de bruit, incapable de garder mon souffle tant l'eau me comprimait la poitrine. J'ai lâché mon air malgré moi, comme sous l'impact d'une volée de coups de poing. Un sifflement a empli mes oreilles, ma tête est devenue pétillante, légère. Il ne servait à rien de chercher la surface dans ce tourbillon, l'important était de rester conscient le temps que ça se calme. J'avais un drôle de petit goût à l'arrière de la gorge, une sorte d'aigreur métallique. Comme quand j'étais tombé de la balançoire à trois ans. Mon premier souvenir. Un petit goût pointu. Juste avant de m'endormir. Le ciel bleu, la balançoire vide passant devant mes yeux. Le grincement des chaînes. Cric, couic, cric, couic. Puis une main puissante agrippant ma cheville. L'air sur mon visage, très doux. Très très doux, l'air. L'air qui s'engouffre tendrement en moi, fait disparaître ce goût d'oignons et d'aluminium, me refait un beau sang rouge, plein d'oxygène. Ah… Bernard. Je savais que tu m'aimais bien au fond. Ah… Bernard. Super. Gentil Bernard, merci pour l'air, ça fait du bien. Tu me fais un peu mal au cou, par contre. C'est pas grave. Merci, vraiment, pour l'air. Ah, le sable est chaud. Je vais juste dormir une minute, O.K.? Claque sur la gueule! Quoi-quoi-quoi, qu'est-ce qu'il y a? Juste dormir un peu, non? Re-claque! Fais mal, t'es con, Bernard! Re-claque! O.K.! O.K.! J'ouvre les yeux, là!

Je me suis brusquement relevé sur un coude, j'ai regardé la mer, ahuri.

— Plus de claques! ai-je hurlé d'une voix de chameau égorgé, toussant et crachant.

Bernard s'est mis à rire.

Je me suis assis dans le sable, me suis tâté les membres. J'avais une belle éraflure sur le genou et un muscle qui tirait un peu dans le cou, sinon ça allait. Je me suis remis debout. Ça tournait pas mal.

— J'y retourne. Elle est où la planche?

— Eh, oh! On se calme! Elle est là, mais tu y retourneras demain.

— J'y retourne tout de suite.

J'ai empoigné la planche, j'ai rattaché le filin à ma cheville. Bernard ne souriait pas, cette fois.

— Bon, alors prends ça, a-t-il dit d'une drôle de voix.

Il m'a tendu une sorte de collier qu'il gardait dans la poche de son maillot, une lanière de chanvre avec un petit sac en cuir, genre d'amulette.

— C'est quoi?

— Tu veux pas savoir. Mets-le.

J'ai passé le collier à mon cou. Ça puait.

— Je peux y aller maintenant?

— Pas une bonne idée, mais bon… Fais ce que t'as à faire.

— Bon. À tantôt.

Je suis retourné à l'eau, ma planche sous le bras, et j'ai de nouveau adressé quelques mots au cosmos. Je lui ai dit d'aller se faire foutre.

J'ai passé la barre sans problème, me glissant avec succès sous les vagues qui cassaient devant moi, la rage au ventre. J'ai repris mon souffle en attendant une belle occasion. Sur la plage, Bernard m'observait. À un moment donné, il s'est levé, puis a porté la main en visière sur son front. J'ai tourné la tête, en m'étirant le cou pour voir au loin. La sœur jumelle de celle qui avait failli me noyer arrivait du large, menaçante. Je l'ai attendue. L'amulette de Bernard dégageait une odeur fétide et je me suis dit que ce qu'il y avait dedans était en train de pourrir. En plus, la corde de chanvre me râpait la nuque. Elle avait intérêt à être magique, sa breloque, parce qu'elle était vraiment écœurante. La vague m'a lentement soulevé, et il m'a fallu admettre qu'elle était encore plus grosse que l'autre. Lorsque l'inclinaison et la vitesse m'ont semblé bonnes, je me suis redressé sur la planche, d'un bond sûr. La position était parfaite. Je prenais de la vitesse et risquais ainsi d'atteindre le bas de la vague trop tôt, avant qu'elle ne casse, ce qui n'était pas souhaitable, car j'en perdrais tout mon élan et me ferais à nouveau engloutir. J'ai donc tourné légèrement ma planche vers la droite, question de suivre une trajectoire oblique. Le mouvement s'est fait en douceur, je n'ai rien précipité et j'ai continué à glisser sans heurt. La vague s'est mise à casser, j'ai senti les embruns sur mes mollets et l'écume qui volait autour de moi, mais la planche planait docilement sur les terribles remous, parfaitement stable sous mes pieds. Le vent sifflait dans mes oreilles, me faisait plisser les paupières, la sensation était enivrante; je défiais les lois de la physique, narguant la vague avec un calme, un aplomb indécents. Elle m'a emmené jusqu'au bord, renonçant finalement à me broyer sur les coraux et les cailloux, vaincue, ou domptée, plutôt. L'arrière de la planche a calé doucement sous moi, dans les derniers soupirs du monstre, j'ai posé un pied sur le sable, l'eau m'arrivait au genou. J'ai souri de tout mon être, ma planche sous le bras, et me suis dirigé lentement vers Bernard, savourant ma victoire, goûtant le déluge de sensations, emplissant de ces secondes les pores de ma mémoire avec une jalousie féroce, les faisant miennes.

Bernard est allé nous chercher deux bières. Il avait l'air encore plus content que moi. « Ah, ouais? » répétait-il sans cesse. On s'est assis sur la planche jaune face à l'océan. J'ai ôté son collier répugnant et le lui ai rendu.

— Qu'est-ce qu'il y a là-dedans finalement? ai-je demandé.

— Là-dedans? Oh, rien… des testicules de castor.

— Des *testicules de castor*?

— Ouais, un cadeau d'un ami iroquois. Ils font des tisanes avec ça, ou quelque chose du genre… Je m'en suis jamais servi…

J'ai eu un haut-le-cœur.

— Quel rapport avec le surf, alors ?…

— Aucun.

Devant ma mine interdite, il s'est senti obligé d'expliquer.

— T'avais besoin d'être distrait, t'étais trop concentré. Alors d'avoir ça dans le cou, ça t'a déconcentré juste ce qu'il fallait. Et puis si, en plus, tu pouvais croire que c'était une amulette magique, ça ne pouvait pas te nuire…

Je n'arrivais pas à m'enlever de l'esprit que j'avais surfé avec des couilles de castor dans le cou.

— T'es un tordu, Bernard. Un peu malade. J'espère que tu t'en rends compte…

Ça l'a fait rire. J'ai savouré la bière glacée. Puis j'ai soudain senti monter une tristesse terrible, mystérieuse. Mon estomac s'est noué, un long frisson m'est monté du ventre, et avant que je me rende compte de ce qui m'arrivait, des larmes se sont mises à couler sur mes joues. J'ai goûté le sel sur mes lèvres, incapable de comprendre. Puis la cause de cette peine étrange a déferlé dans mon esprit.

J'aurais tellement voulu que Marlène me voie.

Qu'elle me voie chevaucher cette vague, qu'elle en reste ébahie. J'aurais voulu voir cette lueur, indécise et admirative, dans ses yeux gris ; émerger de l'océan en marchant vers elle, l'entendre me dire que je suis fou ; lui dire cette sensation aérienne, lui raconter ma peur, prononcer le mot « peur » et penser qu'elle entend peut-être « courage ».

Ça ne m'a pas réconforté de savoir d'où elles venaient, ces larmes. Ça m'a calmé, peut-être. Il y avait un désert en moi, infini, immobile, une peine tranquille, sans le moindre sanglot, juste un filet de larmes. Trois fois rien.

Après un long moment, Bernard m'a donné une petite poussée sur l'épaule.

— Moi je t'ai vu, Alex. Et c'était très bien.

Je me suis mis à rire, en essuyant mes joues du revers de la main.

37

Passé le choc, l'absence de Katarina s'est révélée légère, paisible. Les journées défilaient avec une lenteur exquise, ponctuées par la bouffe, la bière, le surf. Pour ce qui était du surf, j'avais apparemment dénoué quelque chose en moi, lors de cette journée étrange. À présent je surfais. Je ne m'inquiétais plus de rater une vague, de perdre l'équilibre ou de me faire mal. Je surfais, inlassablement. Rater une vague était dans l'ordre des choses, m'érafler un genou aussi. Et il m'arrivait d'être aussi content d'une mauvaise chute que d'une course parfaite jusqu'au bord. Mon attention se portait entièrement sur l'expérience, sur ces secondes d'harmonie, où le danger, l'exécution technique, le jeu, le regard se confondaient en une seule chose, une seule sensation complexe, mouvante et insondable. Une connaissance intuitive. Le surf, c'est le surf; ce n'est l'amalgame de rien, cela ne se compare à rien; ceux qui iront raconter que c'est à mi-chemin entre la planche à neige et le ski nautique sont des crétins qui n'y connaissent rien. S'il faut une analogie, alors le surf tiendrait sans doute davantage du dressage de chevaux — à la différence près que c'est la bête qui prodigue son dressage au cow-boy. On n'apprend pas le surf bien au sec, dans les manuels ; on apprend le surf dans l'eau, broyé par la mer, déchiré sur les récifs, les coraux, suffoquant dans l'écume.

Je voyais Bernard tous les jours en début d'après-midi, et le quittais au crépuscule. Il ne me donnait plus le moindre conseil, et j'avais compris que ce qu'il me restait à apprendre n'était plus de son ressort. Son seul regard me suffisait, me forçait à m'observer sans relâche, et j'affinais ma technique sans m'en rendre compte, surfant toujours un peu mieux que la veille, incapable pourtant de reconnaître ce qui, dans mes gestes, avait évolué. Au coucher du soleil, nous buvions quelques bières, parfois sans prononcer le moindre mot. De temps en temps, il me parlait de météo, déchiffrait pour moi le langage irisé du couchant. L'air froid se glissant sous les masses d'air chaud, les courants de convection, la brise de terre du soir, la force de Coriolis qui fait que lorsqu'on actionne la chasse d'eau à l'équateur, l'eau descend droit au fond, sans décrire ce tourbillon caractéristique ; force responsable, sur une autre échelle, de toutes les formes de cyclones. Ses explications étaient toutes simples pourtant, tous ces phénomènes inextricables m'apparaissaient comme autant d'évidences cristallines. Il y avait même une certaine poésie dans la façon dont il vulgarisait cette science de l'aléatoire et de l'éphémère, et aussi une humble incertitude, si atypique, il me semblait, pour un scientifique. Un soir, il m'envoya chercher deux bières dans sa hutte et, fouinant un peu dans son décor, je tombai sur un bouquin qu'il avait écrit. Le livre était en anglais et portait un titre laconique, d'une sobre assurance : *Weather*. Il se nommait Bernard Juneau. Il y avait une photo de lui à l'arrière, il y paraissait plus jeune. Les cheveux courts, une barbe noire. Ça disait entre autres qu'il était né en quarante, qu'il avait étudié en France et qu'il travaillait, à l'époque de la publication, pour la Nasa. Vraiment, il ne cessait de me déconcerter. Il aurait pu être président du Congo ou pilote de chasse, ça m'aurait à peine étonné.

38

Au bout d'une dizaine de jours, j'ai décidé de prolonger mon séjour d'une semaine. Comme je n'en avais plus les moyens, j'ai téléphoné à Félix, qui a réglé tout ça de Montréal, en échange de ma gratitude éternelle. Mais même au-delà de ce court répit, l'idée de jeter mon billet de retour aux ordures s'est mise à germer en moi. Chaque jour Yannick me rappelait que je pouvais rester aussi longtemps qu'il me plaisait. Sauf lors de rares sorties en ville, il ne me laissait jamais sortir le moindre peso de ma poche. J'avais insisté les premiers jours pour payer une tournée de temps à autre, mais ça le mettait réellement mal à l'aise. « Tu joues de la musique ici, non ? » m'avait-il dit en m'exhortant de ranger mon portefeuille un soir, ce à quoi j'avais répondu qu'il me payait comme si j'étais Clapton.

— Et pourquoi je te payerais pas comme Clapton ?

Chacun ses goûts… Et puis Clapton, je lui ferais payer sa bière, t'inquiète…

— Il a arrêté de boire.

— Je lui ferais payer *ma* bière, alors… et conduire la voiture pour les grosses virées. C'est plus prudent.

Je m'étais étouffé sur ma bière.

Je m'entendais bien avec Yannick. Il m'avait offert de tenir le bar pour le reste de la saison, un mois ou deux. J'avais décliné l'offre, mais je savais qu'elle était toujours valable. Je flirtais avec l'idée, n'osant y réfléchir sérieusement. Je ne sais trop ce que je redoutais de cette perspective. Sans doute avais-je bêtement peur du changement; peur, aussi, de reconsidérer la valeur d'une foule de petites certitudes, d'automatismes, d'habitudes nichées douillettement en moi. Je me répétais avec entêtement que ma vie était à Montréal, sans trop creuser ce qu'était, précisément, ma vie. Une certaine pérennité géographique lui servait de consistance. Les constats lâches ne m'ont jamais fait peur.

Étendu au soleil sur le sable farineux de l'anse, je songeais vraiment à rester. Car j'avais beau la refuser, l'idée faisait son chemin. Je me surprenais à m'inquiéter du bois pourri de la véranda, à me demander combien pouvait valoir le scooter à vendre le long de la route, à apprendre avec soin le nom des choses, des gens et des villages environnants. Symptômes inquiétants.

Marlène me manquait.

Elle me manquait, mais j'étais libre, ici. Elle ne pouvait ni m'appeler, ni m'écrire, ni sonner à ma porte. Je pouvais me laisser aller à croire que je lui manquais aussi. La dernière fois que je lui avais parlé, c'était le soir de la Saint-Valentin. Jean assistait à un congrès d'architecture à

Boston, et elle s'était sentie seule, prise sans doute d'une de ces intolérables bouffées de nostalgie, ces instants comme des gouffres, auxquels mon cœur s'était accoutumé. Car je ne me battais plus. Comme un boxeur dont on dit qu'il ne lui reste qu'un certain nombre de combats dans le corps, je jetais l'éponge au premier tintement de cloche, laissant la nostalgie pantelante, victorieuse par défaut. J'étais assez sage pour ne pas me mesurer à de tels monstres. Distraite par les promesses idylliques de Jean, les fleurs, les cadeaux et les fins de semaine à son chalet, Marlène n'avait pas bénéficié de cet entraînement cruel et elle pleurait silencieusement au téléphone, m'écoutant lui dire que j'étais avec quelqu'un, lui demander de rappeler une autre fois, s'il te plaît. « Mais c'est la Saint-Valentin ! » m'avait-elle rétorqué, implorante, s'attachant à ce 14 février, à cette sotte fête comme s'il s'agissait là d'un jour marquant dans l'histoire de l'humanité. « Demain l'apocalypse… Viens me tenir la main… » Une aigreur toxique dans la bouche, je m'étais entendu lui dire qu'elle n'avait qu'à appeler Jean, que telle était la chose conséquente à faire, non ? Son souffle fiévreux au bout du fil, ses défenses qui éclataient comme du verre. « Tu ne m'aimes plus », avait-elle dit doucement. J'avais raccroché. M'étais rassis à table avec Katarina. La gorge dans un étau, l'air en feu dans mes poumons, le visage de Marlène, ses yeux rougis, inondés, lacérant mes pensées. Relevé, hagard. Pris le téléphone, dans la chambre. Sonnerie, déclic, silence. « Je t'aime, Marlène. Bonne Saint-Valentin. » Raccroché, puis enfin respiré, maudissant ma lâcheté sous l'œil perplexe de Katarina.

39

J'ai laissé passer les jours qui ont suivi sans trop me demander si je restais ici ou rentrais à Montréal, misant sur une illumination de dernière minute, comme pour le surf, en me disant que la vague était encore trop loin pour que je puisse en distinguer la puissance. L'analogie était boiteuse, mais j'avais la conviction qu'il me fallait y aller d'instinct, ne pas laisser une rationalisation tronquée m'orienter en pareille circonstance. Je ne comptais pas les jours, et m'efforçais d'exister comme un animal, présent au monde dans la seconde, n'ayant du temps qui passe qu'une notion sensorielle. Le ciel comme horloge, le teint de ma peau en guise de calendrier. Je surfais parfois dès le lever, dans la houle nerveuse de l'aube. Je déposais quelques oranges au seuil de la hutte de Bernard, comme laissées en gage pour la planche. Ces vagues courtes et imprévisibles n'étaient pas particulièrement exaltantes, mais elles exigeaient une concentration accrue, une attention de tous les instants. Ça donnait un surf plus brutal, moins méditatif. Ça me plaisait bien.

Un matin, la veille de mon vol de retour pour Montréal, j'ai confié à Bernard que je songeais à rester. Je ne lui en avais jamais parlé auparavant, et je le faisais avec une drôle d'inquiétude. Il a haussé les épaules.

— Tous les touristes y pensent plus ou moins quand ils viennent ici en vacances. Ça n'a rien de très original.

— O.K., ouais… mais il y en a qui le font.

— Pour les mauvaises raisons, il y en a qui le font.

— Et toi, t'as lâché la Nasa pour les bonnes raisons ?

Il m'a toisé d'un drôle d'air.

— Petit con, a-t-il grincé entre ses dents. Comme si t'avais la moindre idée !…

Ça m'a cloué le bec durant une bonne minute. Bernard a fini par desserrer les mâchoires. Je ne l'avais jamais vu s'énerver avant.

— Et toi, j'ai risqué, t'as la moindre idée, pour moi ?

— T'es transparent, Alex. C'est ce que j'aime chez toi, remarque… Toi, tu veux fuir. Je sais pas ce que tu fuis, mais il y a une fille derrière ça.

J'ai joué distraitement avec le jonc que je portais encore à la main gauche. Marlène avait retiré le sien après que Jean lui eut joué une scène risible à ce sujet. Je l'avais ôté aussi durant quelques jours à l'automne, mais chaque fois que je tapotais distraitement sur une table ou un verre — un tic de toujours —, un son mat remplaçait ce tintement qui m'était devenu si familier. C'était aussi bête que ça. Je l'avais remis.

Bernard s'est frappé le front.

— Ah! J'y pense… j'ai un petit projet pour toi. Enfin, si ça te dit… Attends.

Il s'est levé d'un bond et est entré dans sa hutte, tout frétillant. Il en est ressorti avec un petit pot de peinture bleue et un pinceau fin. J'ai pris sans comprendre les deux objets qu'il me tendait. Il s'est emparé de la planche jaune, l'a débarrassée grossièrement de sa pellicule granuleuse de sable et de sel.

— Tu vas baptiser ta planche!

— …

— Tu vas lui choisir un nom, et le peindre dans le bas! Faut tout t'expliquer, toi!…

J'ai débouché le pot de peinture et me suis assis en tailleur, la planche posée devant moi. J'étais ému, vraiment, je ne comprenais pas pourquoi il faisait ça. J'ai levé le pinceau.

— T'es sûr, Bernard?

— Évidemment que je suis sûr, idiot.

J'ai minutieusement inscrit le nom en bleu. Je m'étais résolu presque immédiatement à baptiser ainsi ce morceau de fibre de verre, qui m'avait fait voler sur les flots, qui avait failli me noyer aussi. Quand j'ai eu terminé, Bernard est venu admirer le travail par-dessus mon épaule. Il a sifflé.

— T'as du doigté. C'est en l'honneur de Dietrich?

— Évidemment…

Il a rigolé.

40

Je suis sorti à Vallarta avec Yannick ce soir-là, ne sa-
chant trop si c'était notre dernière soirée. Le vieux Vallarta
baignait dans une chaleur étouffante, le béton encore tiède
de la journée chauffant un air gorgé d'humidité. Un orage
s'annonçait pour bientôt, le lendemain soir, peut-être.
Bernard l'avait prédit et mon genou gauche, que je m'étais
déboîté adolescent, me le confirmait par une raideur lan-
cinante. On a bouffé à la terrasse d'un restaurant italien, en
plein cœur de la vieille ville, en regardant déambuler les
jolies touristes, avec leurs épaules rouges et leurs rires de
plaisance. Lorsqu'on voyait approcher une jolie fille, on
jouait à celui qui capterait le premier son regard. Yannick
trichait, il faisait le pitre avec ses couverts, une paille dans
l'oreille. On réussissait généralement à les faire sourire, et
elles nous dévisageaient, se demandant sans doute si nous
étions des touristes. Les vendeurs ambulants hésitaient à

nous déballer leurs bijoux, et je me sentais aussi à l'aise qu'assis à une terrasse de la rue Saint-Denis. Peut-être que nous avions seulement l'air pauvres, au fond, et pas nécessairement si intégrés au milieu, mais l'illusion était agréable. Mon accent en espagnol avait pris des couleurs locales, et ce mimétisme était une perpétuelle source d'amusement pour les serveurs de la *Casa loca,* qui me faisaient dire des horreurs en argot et riaient aux larmes de m'entendre parler comme eux, avec mes cheveux blonds et mes yeux bleus. Ma peau, burinée par le sel et le soleil, n'avait cependant plus rien de nordique. Une barbe de dix jours me donnait un air de truand qui me surprenait chaque fois que j'entrevoyais mon reflet, mais qui ne me déplaisait pas. J'avais pris du poids à force de manger comme un goinfre, et une belle paire d'épaules à force de ramer sur ma planche. En revanche, j'avais les cuisses, les mollets et les chevilles meurtris, éraflés et bleuis par endroits, plus esquintés en trois semaines de surf qu'en huit ans d'arts martiaux. Yannick n'avait jamais eu la patience de se mettre au surf, mais j'avais surpris à quelques reprises sa silhouette au sommet de la butte tandis que je jouais dans les rouleaux. Je me serais fait à cette existence. Alangui à la terrasse du *Mamma mia!,* délicatement assommé par la bière, le vin et la sambuca, j'avais de cela une certitude tranquille. Ne rien vouloir d'autre que ce que je pouvais vivre dans une journée ; m'appliquer, me faire un *devoir* de ne rien désirer au-delà d'un bonheur simple, un bonheur à hauteur d'homme. Cela me semblait être un noble projet. Fuir. J'ai songé qu'une belle fuite ça valait quelque chose. À la rigueur, ça exigeait une certaine forme de courage.

Après le restaurant, nous sommes allés faire un tour au *Roxy's*, qui grouillait de monde. L'air y était à peine respirable, presque visqueux. Le *band* maison jouait du Bob Marley, du Doors, la bière était glacée et la sueur rendait les camisoles blanches transparentes. Nous sommes restés. Assis au fond, sous un énorme ventilateur industriel, nous contemplions l'agitation, stoïques comme deux grands lézards au soleil.

— Ça t'arrive d'aller au cinéma tout seul, toi ? m'a demandé Yannick.

— Rarement… Pourquoi ?

— Juste comme ça. Moi non plus.

J'ai réfléchi à ça un peu, pendant que le *band* attaquait *Break On Through*, un des chefs-d'œuvre de Morrison, sorte de bossa-nova apocalyptique, dense et concise. *I found an island in your arms, a country in your eyes…* J'ai compris où Yannick voulait en venir.

— Tu te sens comme au cinéma tout seul, ici ?

— *Precisamente.*

J'ai hoché la tête.

— Mais tu connais des gens… T'as des bons amis ici, non ?

Il a posé un index sur ses lèvres, pensif.

— Oui, d'accord, mais, mais… ils comprennent pas vraiment le *film*. Je suis un *gringo*, moi. Et chaque fois que le soleil se lève, que je sors un thon de la mer, c'est… c'est comme un miracle, ou enfin, c'est *quelque chose*, tu comprends ?

— Je comprends.

— Ben, tu vois… Par exemple : pour Bebo — que j'adore, attention ! —, un miracle c'est de bouffer au *Pla-*

net Hollywood, c'est de conduire une BMW, voir New York, baiser Madonna… Alors, quand je lui montre un thon de dix kilos, ça ressemble à tous les poissons que son père a pêchés dans sa vie, et il me voit comme un naïf, une sorte de demeuré !

— Eh…

J'ai failli lui dire que j'irais bien à New York baiser Madonna dans une BMW, mais je me suis retenu.

— J'ai l'impression que tu resteras pas, Alex. Mais tu sais que tu peux, O.K. ?

— O.K.

On a trinqué là-dessus, puis Yannick nous a commandé quatre tequilas, de la Cazadores, bien sûr. En avalant la dernière, j'ai senti mes cannelloni trépigner dans mon estomac, mais j'ai réussi à garder les écluses bien closes, à grand renfort de grimaces. Yannick s'est esclaffé devant ce qu'il a baptisé mon *tequila smile.* On est sortis du *Roxy's* et on a marché jusqu'au *Zoo,* qui était *la* discothèque de Vallarta. Yannick a coupé la file sans le moindre ennui et je suis resté dans son sillage.

L'endroit était hallucinant et j'ai eu immédiatement l'impression étrange d'être plongé dans un aquarium géant. La musique assourdissante saturait tellement l'air qu'il en devenait presque liquide. Ce n'était plus du son, plutôt de l'antisilence. Pas un corps au repos ; une marée humaine nous a happés sur le seuil. Se frayant un passage dans cette jungle, Yannick est parvenu à nous trouver deux bières et m'a rejoint sur la piste de danse, au milieu de laquelle trônait une sorte de scène surélevée, circulaire et ceinte de barreaux d'acier, une énorme cage à lions, où des dizaines de corps s'agitaient dans une frénésie languide.

Des éclairs épars de nudité zébraient cette masse mouvante, me laissant pantois, fasciné, avec au ventre l'envie d'aller plonger mes canines dans l'arène. Yannick dansait déjà avec une grande fille fauve, et tandis que je la regardais ondoyer, une main m'a tiré dans la cage. Des yeux de braise m'ont brûlé la rétine, dans la violence d'un stroboscope, un ventre nu a glissé sous mes doigts, et j'ai complètement, parfaitement, irrémédiablement perdu la carte.

J'ai repris une mince portion de mes esprits sur le trottoir, une ou deux heures plus tard. J'étais trempé de la tête aux pieds et j'avais encore une bière tiède à la main. J'observais une faille dans le béton du trottoir, recensant le nombre de fourmis qui s'y affairaient, craignant une crise de vertige si j'osais lever les yeux sur le monde des humains, dont j'étais en ce moment un admirable spécimen. Mon verre en plastique était fendu et chaque goutte qui en tombait créait un monstrueux émoi chez les fourmis. Depuis quand pleuvait-il de la bière? devaient-elles se demander, révisant dans un état d'urgence toutes leurs théories climatiques, leur économie, qui sait? peut-être même toute leur théologie. J'aurais vraiment fait un Dieu ignoble.

Une main m'a secoué le coude. J'ai levé les yeux. C'était un conducteur de taxi qui voulait savoir si j'avais besoin de ses services. J'ai fouillé mes poches, mais il me restait trois pesos. J'ai décliné l'offre, à regret d'ailleurs, car il me tardait de rentrer me coucher. Je me suis mis debout et j'ai marché un moment parmi les derniers fêtards, demandant au hasard, et sans succès, si quelqu'un partait vers Boca de Tomatlán. Au bout d'un moment, un Mexicain est venu me voir pour dire qu'il allait justement vers là. Je l'ai suivi jusqu'à sa voiture où l'attendaient deux de ses copains. Ils m'ont fait une place à l'arrière et on est parti. J'ai mis la tête à la vitre comme un chien, soulagé par l'air qui me fouettait le visage.

Les gars ne se parlaient pas beaucoup, personne ne me regardait dans les yeux et j'ai senti une drôle de tension dans l'air. J'ai essayé de penser à autre chose, songeant que je me faisais des idées, sans savoir lesquelles au juste. On roulait vite et j'ai bientôt reconnu les maisons sur la route. J'ai dit au gars que c'était à droite, un peu plus loin. J'ai ajouté que je lui aurais bien donné un peu de sous pour l'essence, mais que j'avais tout brûlé en Cazadores au *Zoo,* essayant de lui arracher un vague sourire de complicité. Il n'a pas souri. Puis mon voisin de gauche m'a dit avec un large rictus que ce n'était pas grave, qu'ils prenaient Visa, Mastercard et American Express. Ça, en revanche, ça a fait rire tout le monde à bord. J'ai ri plus fort qu'eux, un trouble au creux de l'estomac. J'ai reconnu les abords de la *Casa loca* et j'en ai avisé le conducteur. Il n'a pas ralenti. J'ai répété. Mon voisin a passé son bras autour de mes épaules en me disant qu'on allait continuer la fête plus loin. Avant même que j'aie eu le temps de protester, une lame brillait sous mon nez. J'ai dégrisé violemment. Avant d'avoir le temps de réfléchir, je me suis vu égorgé sur le bord du chemin, et une rage démente m'a empli les entrailles. Une multitude de perceptions se sont bousculées dans mon esprit, des impulsions contraires, subites. D'instinct, j'ai attrapé le poignet du gars au couteau, je l'ai tiré vers moi en projetant ma tête de l'avant, comme Depardieu dans un film de flics, je lui ai éclaté l'arcade sourcilière pendant que ma main droite actionnait la poignée. La portière s'est ouverte à la volée, j'ai sauté dans l'herbe du fossé, j'ai roulé, culbuté, protégeant ma tête entre mes bras repliés. Je me suis relevé, rien de cassé, parfaitement ahuri par ce que je venais de faire, je me suis mis à courir, dévalant le sentier vers le bar. J'entendais dans mon dos les trois gars qui sortaient de la voiture — en riant! — et je me demandais ce qu'il y avait de prévu pour la suite. J'ai hurlé le nom de Yannick en approchant, priant pour qu'il soit là avec une dizaine de ses meilleurs amis, des Hell's Angels de préférence. Au bout d'une dizaine de secondes, durant lesquelles mes poursuivants se rapprochaient dangereusement, Yan est apparu sur le seuil, titubant et complètement nu, une bouteille de tequila dans une main et un colt 45 dans l'autre. Les rires ont cessé derrière moi. Je me suis arrêté à côté de lui, la gorge en feu, et me suis retourné. Le type auquel j'avais donné un coup de tête avançait toujours, l'air mauvais, le visage en sang. Il brandissait son couteau, et son regard passait rapidement de moi à Yannick. Yannick lui a montré clairement le pistolet en haussant les sourcils. Il a souri. « *No tienes las cojones, pinche gringo!* » — « T'as pas les couilles! » — il a grincé, écumant de rage. Les autres ont ricané. Yan a soupiré d'un air navré, il a avalé une rasade de tequila, puis il a de nouveau montré le colt, en l'agitant pour attirer l'attention du gars au couteau, comme s'il remuait un jouet devant un bébé. « *Boum, boum! Entiendes, cabrón?* » L'autre n'a rien répondu, et a continué à avancer vers moi. « Bon. Ça suffit », a dit Yannick. Il a levé l'arme d'un geste mou et a tiré. J'ai sursauté. Le gars s'est effondré par terre en se tordant de douleur, les deux mains enserrant son pied gauche. Yannick s'est avancé, a posé le pistolet sur sa tempe.

« *Entiendes, ahora?* » — « Là, tu comprends? » Le gars a blêmi, s'est relevé en geignant et est remonté vers la route à cloche-pied, où ses copains, qui avaient détalé comme des lièvres, l'attendaient impatiemment, vociférant et nous menaçant du poing. Yannick a braqué l'arme en leur direction et ils se sont tus. Finalement, la voiture a démarré et j'ai regardé Yan, abasourdi.

— Ça va, toi? m'a-t-il demandé.

— Ouais, ça va, ai-je répondu en me tâtant le front.

— On boit une autre bière?

— Ouais.

On est rentrés, puis on s'est assis au bar. Yannick a enfilé un short et on s'est pris deux Corona. La mer se brisait sur les rochers, un joli murmure. On a bu en silence un bon moment. L'adrénaline se dissolvait lentement dans ma bière. Mes jambes ont cessé de trembler.

— Tu vas avoir des problèmes, pour ça? ai-je demandé, enfin.

— Non, non.

— T'as quand même tiré sur quelqu'un…

Yannick a haussé les épaules.

— T'es drôle, toi! Tu crois qu'il va aller brailler chez les flics? Il est arrivé *chez moi*, avec l'intention d'égorger un de *mes* invités! Eh, oh! De toute manière, j'ai un permis pour le pistolet… et puis avec ce que je paye aux flics chaque mois, j'aurais pu le tuer, ça m'aurait même pas inquiété. On n'est pas à Montréal, Alex…

Le Sud. Son soleil terrible, ses mœurs violentes. Latitudes cruelles. J'avais lu ça quelque part, il me semblait. Camus, Hemingway, je ne sais plus. Peut-être que j'invente aussi.

— Et ça arrive souvent, des choses comme ça, ici?

— Non… Jamais, en fait! Première fois que je sors le *gun*.

— Ça a pas l'air de trop t'énerver…

— J'suis saoul mort!… Et puis je visais à côté de son pied…

Il a éclaté de rire. C'était parfaitement surréaliste, mais j'ai ri aux larmes. Entre deux hoquets, je disais « à côté? », Yannick hochait la tête et on repartait d'un fou rire nerveux. Pleurant à demi, je lui ai conté la vision que j'avais eue de lui, avec le 45 et la tequila, les couilles à l'air, *Scarface* version hyperdécadente, et on s'est remis à rire comme des fous, en se disant que personne ne croirait à cette histoire loufoque.

Avant d'aller me coucher, j'ai pris Yannick par le bras et je lui ai dit merci. Il a répondu que j'aurais fait la même chose pour lui. Ça m'a fait plaisir de penser qu'il avait raison.

41

Le désert, encore. Les dunes m'observent. Elles ondulent secrètement, le sol vibre sous mes pieds. Du coin de l'œil, je devine ces formes, ces crêtes et ces vallons qui se font, se défont. Je me retourne vivement, tout s'arrête. Immobiles, immuables comme le marbre. Et pourtant elles ne sont plus les mêmes.

Je suis seul.

La femme en bleu a disparu, le cheval triste aussi. Je porte une planche de surf sous mon bras. Son filin est noué à ma cheville. Je gravis une pente, je m'enfonce jusqu'aux genoux dans le sable brûlant. Jusqu'à la taille. Jusqu'au cou. Je nage à présent, la planche flotte sur le sable, je m'y agrippe. Tout devient clair. Je me couche sur la planche. Le sable devient froid, se vitrifie. Le ciel d'étain vire au bleu. Une dune passe sous moi, une onde me soulève. Un air vif, salin, siffle à mes oreilles, glisse dans mes cheveux. Je me lève d'un bond sur la planche, je suis en plein océan. La vague que je chevauche grossit, c'est un raz-de-marée, un tsunami de trente mètres, cinquante, cent. Je fends sa pente, trace une longue estafilade blanche sur sa face vertigineuse. Le vent vrombit dans mes tympans, l'eau rugit sous mes pieds, je file à mille kilomètres-heure, sans la moindre crainte. Cette vague m'appartient, je la possède, sans arrogance ; elle me transporte, docile et bienveillante. Je cherche la côte à l'horizon, en vain, je me demande si elle existe encore, cette côte, si tout n'est plus qu'océan.

Je suis seul.

42

Je me suis réveillé dans le hamac, vers neuf heures. Le soleil me tapait sur le crâne depuis l'aube et une migraine terrible me vrillait les tempes. J'ai titubé jusqu'à la salle de bains, où j'ai avalé quelques litres d'eau et une petite poignée d'aspirines, puis je me suis recouché une dizaine de minutes, dans la baignoire, sous le jet de la douche, le temps de métaboliser tout ça. Tandis que je repassais par la véranda, mes yeux se sont posés sur le colt 45 au fond du hamac, que j'ai regardé un moment sans comprendre. Puis je me suis souvenu avec effroi que je l'avais descendu avec moi et m'étais endormi le doigt sur la détente. Constatant que le cran de sûreté était toujours mis, j'ai respiré un peu mieux. Je l'ai glissé à ma ceinture, sous ma chemise, et je suis monté voir si Yannick était levé.

Comme je m'y attendais, il ronflait toujours. J'ai cassé trois œufs dans le mixeur, que j'ai noyés dans un tourbillon de lait au chocolat. J'ai versé la mixture dans un grand verre et l'ai avalée d'un trait, m'efforçant de ne pas penser aux œufs crus. Ça m'a calmé l'estomac, qui commençait à protester contre la dose chevaline d'aspirine. J'ai rangé le pistolet dans le compartiment à cet usage, sous la caisse enregistreuse.

Mon vol partait à quatre heures trente. Je ne savais encore trop ce que j'avais décidé de faire. Je suis sorti sur la terrasse. Le ciel était clair, mais une bande de nuages sombres barrait l'horizon au-dessus de la mer. Des lames colossales déferlaient déjà de l'autre côté de la pointe. Bernard s'était mouillé pour l'occasion. Les vagues n'étaient pas très hautes ; en revanche, elles étaient puissantes, amples, et leur écume montait très haut sur le sable, laissant ici et là d'éphémères étangs à la lisière des palmiers.

J'ai traversé de l'autre côté d'un pas chancelant. Je savais qu'une fois sur la planche les dernières vapeurs de tequila se dissiperaient. Gravissant le sentier, je me suis demandé si c'était la dernière fois que je contournais tel arbuste ; que je prenais appui sur la grosse pierre plate pour enjamber une anfractuosité du roc ; que j'embrassais du regard l'anse, son sable blond, sous cette lumière, à cette heure. J'avais apprivoisé ce monde. Et moyennant un léger effort d'amnésie, je réussissais par instants à éprouver l'insolite sensation d'y être né, de ne rien connaître en dehors de cette anse. C'était ridicule, et très doux.

La première vague m'a fait payer mes rêvasseries, noyant du même coup ma gueule de bois sous une trombe d'écume. La suivante, que j'ai prise nettement plus au sérieux, m'a porté jusqu'au bord, me laissant broder un peu de dentelle sur sa crête. Une belle course. J'ai laissé casser une vingtaine de vagues avant d'y retourner, savourant le souvenir immédiat de la dernière, lui confectionnant un petit écrin de mémoire, assis sur le sable. Puis j'ai été rejoindre Bernard, qui surfait quelques centaines de mètres plus loin. Les vagues y étaient plus grosses, régulières, mais le fond rocailleux était impitoyable ; la moindre chute coûtait cher. On ne se parlait presque jamais pendant le surf, Bernard et moi. Un rare sourire, un regard ; on regardait le même film. Je commençais à comprendre la mer à sa façon, avec le ventre. J'étais loin d'avoir le quart de son instinct, son œil, sa sereine assurance, mais j'apprenais. Il y avait des années que je ne m'étais pas astreint à la moindre forme de discipline physique, et je retrouvais une exaltation suave, brutale aussi, à ressentir cette chair comme un médium, à décrypter ainsi les couches brutes de l'existence, sans mots. Comprendre une vague sans pouvoir expliquer ce que l'on comprend, ni comment on le comprend, ni pourquoi ; et que pourtant ça marche. Magie.

On a pris quelques vagues ensemble, puis Bernard s'est entaillé une cheville sur un morceau de corail, tout près du bord. Il est retourné à sa hutte pour désinfecter la plaie et je l'ai suivi. D'ailleurs, j'étais déjà exténué par ma petite heure de surf — séquelle des abus de la veille. Je me suis étendu à côté de la hutte et j'ai fumé une cigarette.

Bernard est ressorti avec quatre gros crabes déjà cuits et m'a demandé si j'avais faim. J'ai acquiescé, flatté de me voir invité à sa table. En fait, sa table était une planche de surf posée sur le sable. On a attaqué le crabe au canif, avec des quartiers de lime et deux bières. J'ai regardé l'océan et j'ai décidé que je restais.

Quand j'ai annoncé à Bernard que je ne partais pas, il

n'a rien répondu tout de suite. Il a hoché gravement la tête, pesant ses mots.

— Alex, c'est pas ta place…

— C'est un peu rapide, Bernard…

— Écoute, je comprends pourquoi tu veux rester, ou plutôt, pourquoi tu crois que tu veux rester… Je dis pas que t'as pas des bonnes raisons, mais tu peux pas savoir si tes raisons sont les bonnes quand il y en a des moins bonnes qui t'animent aussi… Ça pollue ton jugement, tu comprends ?

— Je sais pas si je te suis, Bernard…

— Joue pas au con. Tu me suis.

— O.K. Mais toi, tu peux affirmer que les choix que t'as faits dans la vie étaient vraiment purs, que t'avais pas des motifs cachés, des fois ?

— Un choix pur, parfaitement éclairé, ça n'existe pas…

— Alors ?…

— Alors, alors… il y a des degrés. T'as du ménage à faire, ça crève les yeux. Tôt ou tard, ça te rattrape…

— Et à quoi tu vois ça, Bernard ?

— Écoute, t'as passé quatre heures étendu *là*, à attendre que je te parle ! Tu te trouves normal ? C'était pas un test de ton endurance, comme tu t'imagines peut-être… J'avais pas envie de compagnie, point. J'ai abandonné parce que tu m'aurais fait chier pendant des jours, j'ai su tout de suite que t'étais un peu fou. Et puis t'as appris en deux semaines des trucs que les gens mettent des années à saisir…

— Bon, je suis têtu et, quoi, doué ?… Qu'est-ce que ça dit, tout ça ?

— Pas têtu, enragé… J'ai rarement vu quelqu'un qui

avait autant besoin de surfer, de pousser ses limites coûte que coûte. Tu t'es regardé les mollets? T'es pas exactement un monument de santé mentale... D'ailleurs, j'aurais pas dû te laisser retourner à l'eau, l'autre jour.

— N'importe quoi!

Il a soupiré.

— Tu pousses tellement, Alex... Je suis content que t'aies appris quelque chose, mais s'il te plaît, arrête-toi pas ici. Tu vas en crever. Tu t'amuses encore, là, mais la fuite, ça te tue à petit feu. Fuir, c'est pour les vieux. Moi, tu vois, j'ai le droit. J'ai cinquante-sept ans et personne va venir me reprocher quoi que ce soit. J'ai abandonné certaines choses, Alex, et je considère ça comme mon droit le plus strict, parce que j'ai essayé beaucoup, longtemps, et que je sais ce que j'ai abandonné. Et quand je vois un gars comme toi qui veut... qui veut *s'avorter,* ça me met hors de moi. Prends-le, ton avion. Fous-moi le camp.

— Et pourquoi je pourrais pas rester ici comme ça, simplement, en laissant un bordel derrière moi? Y a un manuel pour ces choses-là? C'est écrit où?

— C'est écrit nulle part, mon frère. C'est ce qu'on appelle un jugement de valeur.

— Ben voilà! Et mes valeurs, à moi?

Bernard n'a rien dit. Il s'est levé, il a pris la planche jaune sur laquelle on avait bouffé. Il l'a appuyée en angle sur le côté de la hutte.

— Et ça, Alex, est-ce que c'est ma planche *à moi*?

— Ben, ouais... ai-je répondu, interdit.

— Ah, bon. O.K.

Il a pris un pas d'élan et, d'un coup de pied latéral foudroyant, il a cassé la planche net, aux deux tiers de sa hauteur. Puis il a empoigné sa propre planche sans rien dire et est retourné surfer.

Je n'en revenais pas. J'ai ramassé les deux morceaux, les ai mis bout à bout. J'ai regardé les lettres bleues que j'avais peintes la veille. J'ai passé mon doigt sur le tracé, machinalement. Vingt-quatre heures après son baptême, *Marlène* était une épave.

Bernard est sorti de l'eau une demi-heure plus tard. Je fumais une cigarette, les yeux toujours rivés sur la planche. Il s'est ouvert une bière et s'est assis à deux pas de moi.

— Je vais la réparer durant l'été. Ça me distraira.

— Ça se répare? ai-je dit, incrédule.

— Bien sûr que ça se répare! Tu crois que je foutrais en l'air trois cents dollars pour te faire comprendre quelque chose? *Don't flatter yourself…*

— Et c'est solide, après?

— Oh, ça crée une faiblesse structurelle, nécessairement. Mais ça ne paraîtra pas le moins du monde. Je suis plutôt doué pour ce genre de bricolage.

— Une faiblesse?…

— Ben, si elle a à se briser de nouveau, elle fendra probablement le long de l'ancienne fracture. Sinon, elle sera comme une neuve. Il n'y aura que toi qui connaîtras sa faiblesse… et elle…

Il a ri.

— … Elle sera prête l'hiver prochain, si jamais tu repasses par ici. J'y serai… et puis, tiens, je te l'offrirai!

— O.K., j'y serai aussi.

J'ai jeté un coup d'œil à ma montre. Mon avion partait dans trois heures dix-sept minutes. Faire confiance à un météorologue… vraiment, je me surpassais.

43

En faisant mes adieux à Bernard, je lui ai fait promettre
qu'il m'emmènerait pêcher sur son voilier, l'hiver suivant.
Et qu'il me parlerait de Francesca. « Si tu me parles de
Marlène... » a-t-il rétorqué en souriant. « Je pourrai, je
crois. »

Yannick m'a conduit à l'aéroport. On a pris une der-
nière bière ensemble dans le bar climatisé. Il m'a offert une
bouteille de Cazadores. J'ai failli tourner de l'œil à la seule
vue du chevreuil sur l'étiquette, emblème de la distillerie.
Yannick s'est bien amusé de ma grimace. Ils ont annoncé
l'embarquement, je me suis levé, Yannick m'a serré dans
ses bras, m'a fait jurer de revenir et m'a souhaité un bon
retour. Je l'ai remercié pour tout. Avant de passer le poste
de contrôle, j'ai glissé mes lunettes de soleil dans la poche
de sa chemise, de belles Oakley qu'il m'enviait depuis mon
arrivée. Elles lui allaient beaucoup mieux qu'à moi, de

toute façon. Il a chaussé les lunettes, ravi, et m'a regardé passer le détecteur de métal.

— Tu reviens, Alex, c'est clair ? a-t-il crié.

— *Claro que si !*

Il m'a envoyé la main et je me suis engouffré dans le long corridor.

44

Deux cents kilomètres à l'est de Tepic, le Boeing a survolé une tempête de sable qui soufflait sur le désert. Le commandant de bord a signalé ce phénomène rare à l'interphone et a viré sur l'aile pour faire apprécier le spectacle aux passagers. Ça ressemblait à un tapis de stratus, sauf pour cette étonnante couleur ocre, irisée par le crépuscule. L'appareil a grimpé jusqu'à quarante mille pieds pour éviter le sable en suspension. Même à cette altitude, l'avion fendait le fin brouillard orangé qui dessinait une étrange couronne autour du soleil. Le chariot à liqueurs est passé, j'ai demandé une bière.

45

— Bœuf ou poulet, monsieur?
— Euh… Le plus gros, s'il vous plaît.
La jolie hôtesse a tiqué un moment.
— Les portions sont égales, monsieur.
— Ah bon… Alors, je sais pas, ce que vous voulez…
Elle ne voulait rien. Elle a haussé un sourcil, me pressant pour une réponse.
— Choisissez pour moi, mademoiselle, vous connaissez ça mieux que moi, non?
Elle n'a pas frémi. Elle attendait un mot — « bœuf » ou « poulet » en l'occurrence. Trois secondes lancinantes se sont écoulées.
— O.K.! Bœuf-bœuf-bœuf, je veux du *bœuf*! Désolé de vous paralyser comme ça…
Le plateau s'est abattu avec fracas sur ma petite

tablette. Lorsqu'elle est repassée avec du vin, j'ai presque hurlé « Rouge ! »

J'ai essayé de dormir après le repas, mais un petit salopard faisait du galop vertical sur l'arrière de mon dossier, pendant que le reste de sa famille massacrait *Guantanamera*. J'ai glissé dans mes oreilles les bouchons de dynamiteur que m'avait donnés Félix et je me suis plongé dans Hemingway. L'Espagne de Franco, le soleil cruel, tout ça.

46

Je n'ai jamais vu New York autrement que du haut des airs. Une vision abstraite, une icône. Grande fourmilière lumineuse, plaie béante au cœur du néant. Manhattan, irradiante. Contemplant le centre du monde, je me demandais si Judith avait finalement décidé d'y habiter, de laisser tomber la vie de bar de Montréal pour rejoindre son copain guitariste qui tentait de percer dans la Grosse Pomme. Il y avait six ans que je n'avais pas vu Judith. Je l'imaginais dans un loft de Soho, vêtue de son vieux pyjama bleu, peignant de grandes toiles démentes. Peut-être écrivait-elle enfin, elle qui avait toujours vu cet acte comme une transgression, une dangereuse alchimie qui rendait fou et vous laissait l'âme éviscérée. Sauvage et fascinante Judith qui lisait Dostoïevski et ne parlait à personne, que j'avais approchée à pas de loup. Marlène, qui à l'époque n'était qu'une inoffensive amie, se moquait méchamment de moi lorsque je lui narrais mes progrès minuscules, jour après jour, semaine après semaine. Plus ma campagne avançait, plus Marlène se montrait virulente. Elle me disait que j'étais pitoyable, que Judith jouait avec moi, que j'étais un pantin, un naïf. Que je la *décevais.* J'avais mis un temps fou à comprendre.

Il y avait si longtemps que Marlène et moi étions amis que l'idée qu'elle soit jalouse ne m'avait pas même effleuré. À la limite, Marlène n'était pas une fille dans mon esprit; je l'avais toujours trouvée belle, mais cette beauté était une simple donnée objective, de la même façon que je pouvais trouver Félix séduisant. Marlène était ma confidente, elle me battait aux échecs, regardait les étoiles avec moi sur la montagne en buvant du rosé à la bouteille, et me disait quand j'avais besoin d'une coupe de cheveux. Elle avait ses aventures, moi les miennes et on se taquinait le lendemain. Mais Judith était venue bouleverser cet équilibre que l'on avait cru inaltérable. Un soir, j'avais annoncé à Marlène d'un ton triomphant que Judith m'avait donné son numéro de téléphone, brandissant sous son nez le précieux carton d'allumettes. Je m'attendais à de fielleux sarcasmes, mais Marlène avait seulement rétorqué que j'étais « vraiment trop con, hein ! ». Puis elle avait claqué la porte de sa chambre en m'ordonnant d'une voix cassée de foutre le camp. J'étais resté debout dans le salon, pantelant. « Va-t'en ! » me criait-elle à travers la porte close. Je ne bougeais pas. Je n'y comprenais rien et il n'était pas question que je parte avant d'avoir le fin mot de cette affaire.

— Tu vas me parler, Marlène ! avais-je tonné enfin.

Une longue minute s'était écoulée. Puis ce 11 juillet, la porte s'était entrouverte et Marlène était apparue sur le seuil, nue, ses yeux gris embués de larmes. Marlène s'était transformée en fille. Ses yeux gris, ses cheveux noisette tombant sur des seins aux aréoles sombres. Ses longues jambes fines, dorées, son sexe nacré, obscène, un ventre de soie.

— Faut vraiment tout t'expliquer, toi !

Judith n'avait jamais eu de mes nouvelles.

47

Comme convenu plus tôt, Félix m'attendait au-delà
des portes vitrées, après le dernier contrôle des agents de
l'immigration. Ils avaient fouillé mes bagages de fond en
comble, m'assurant d'un ton morne qu'il s'agissait là
d'une fouille aléatoire. Je leur avais fait remarquer que les
quatre autres « aléatoires » qui étaient passés devant moi
avaient exactement le même profil sociologique : tous des
gars dans la vingtaine, mal rasés et voyageant seuls. Je
m'étais mis à faire des statistiques approximatives à voix
haute, concluant devant une douanière aux lèvres pincées
— devant mes sous-vêtements sales — que nous avions
devant nous une aberration mathématique prodigieuse,
feignant une vive excitation à l'idée d'être un des termes de
cette équation rarissime. Bref, je la faisais chier au mieux
de mes capacités. Qu'elle me dise que j'avais l'air louche,
que j'avais une tête de trafiquant, soit ; je me serais soumis

de bonne grâce — non sans toutefois mentionner que, si j'avais un kilo de coke à rapporter du Mexique, je me serais organisé pour être vêtu en Armani de la tête aux pieds et pour avoir l'air si important qu'elle n'aurait pas osé me demander l'heure, pauvre conne ; mais qu'elle me prenne pour un imbécile avec ses salades de « fouille aléatoire », j'endurais mal. Ayez des préjugés, d'accord, mais assumez-les, merde, madame, voilà ce que j'en pensais.

J'ai quand même serré Félix dans mes bras.

— Pas trop fort ! a-t-il gémi.

Je l'ai regardé sans comprendre.

— Je me suis éclaté une vertèbre sur un chantier. Six semaines d'arrêt de travail. Je suis bourré de codéine…

— Eh ben !… Et c'est comment, la codéine ?

Il m'a envoyé un grand sourire, les yeux plissés.

— *Mucho* agréable…

J'ai ri. Il avait garé Lola en double file — j'ai toujours donné des noms à mes voitures —, alors on s'est dépêchés. Il faisait frisquet dehors, mais rien d'insupportable. Le printemps avait planté ses crocs verts dans l'air et les derniers îlots de neige sale fondaient doucement. Félix a mystifié le flic qui était en train de nous rédiger une contravention, en lui expliquant d'une voix hypnotique que « tout ça n'est jamais arrivé, O.K. ? Ja-mais ar-ri-vé… Ciao… Jamais arrivé, je te le jure… » Ça a marché, apparemment. Si j'avais essayé, le gars m'aurait ri au visage. Mais je n'étais pas Félix, je n'avais pas cette foi superbe en la flexibilité du réel.

Elle faisait un bruit d'enfer, Lola, et Félix m'a avoué qu'il avait égaré le silencieux quelque part dans les environs de Sherbrooke. On est rentrés à l'appartement. Félix avait profité des dernières semaines pour compléter les travaux, malgré sa vertèbre cassée. Une belle baignoire sur pattes trônait près de la fenêtre du salon et nous avions enfin deux chambres fermées. Félix avait même peint en bleu les cloisons fraîchement érigées. Je l'ai félicité. Il m'a dit qu'il n'y était pour rien, qu'il fallait remercier la section de tranchée qui s'était effondrée sur lui et, surtout, ce merveilleux opiacé, la codéine. J'ai déposé mes sacs dans ma chambre, puis on est sortis prendre un verre, à la demande de Félix qui voulait entendre parler du Sud un peu.

48

J'ai passé les deux semaines suivantes à travailler sans cesse au bar, histoire de me renflouer. Malgré la générosité de Yannick, j'avais réussi à flamber au Mexique des sous que je n'avais pas, surtout à cause des deux billets d'avion supplémentaires. C'était curieux de voir à quel point rien n'avait changé depuis mon départ. Mêmes visages, même décor, mêmes discussions stériles à deux heures moins quart du matin. J'avais l'impression d'avoir vécu trois ans ailleurs, pendant que tout le monde ici avait tout juste eu le temps de boire une bière.

Début avril, Martine a laissé un message dans ma boîte vocale. Elle était revenue de Québec pour une semaine et, comme elle célébrait son anniversaire chez un ami le samedi suivant, elle lançait un appel à la mobilisation générale. « Alcool et cadeaux seraient grandement appréciés ! » disait-elle de sa voix pimpante, sans la moindre trace de retenue. J'ai toujours aimé les gens qui savent ce qu'ils veulent ; des oasis de certitude. J'ai noté mentalement le numéro de téléphone qu'elle laissait, et je l'ai appelée.

— Alex !

— Martiiine !

— T'es revenu quand ?

— Oh… ça fait bien quinze jours…

— Tu fais ton sauvage ?

— Non, non… je travaille. Ça m'a coûté très cher, mon petit voyage…

— Ben j'espère ! Alors, ça s'est bien passé avec ta nouvelle copine, comment encore… Katarina ?

— Oui, Katarina… et non, ça a été plutôt mal.

— Tant que ça ?

J'ai pesé mes mots un moment.

— Un désastre. Elle est revenue à Montréal au bout de trois jours.

Martine a éclaté de rire à l'autre bout de la ligne. Dans son échelle de valeurs, à Martine, le comique se classait pas mal au-dessus de la compassion.

— Alors tu viens, samedi ? m'a-t-elle demandé.

— Ben, je vais essayer de me libérer…

— Eh ! Oh ! J'vais avoir trente ans, salaud ! J'espère bien que tu vas essayer de te libérer !

— Ouais, O.K. Mais Marlène va être là, hein ?…

— Qu'est-ce que tu crois ? Évidemment ! Mais tu vas pas te mettre à faire des caprices…

— Jean va être là aussi…

— …

— Jean va venir, non ? ai-je insisté.

— Ben là… attends. T'es pas au courant ?

— Au courant de quoi?

— Alex... Ils sont plus ensemble, Marlène t'a rien dit? J'ai cru que tu serais le premier informé...

— ...

— C'est des bonnes nouvelles, non?...

— Euh... oui, je sais pas. Laisse-moi le temps.

J'avais la tête qui tournait.

— Depuis quand?

— Oh, attends... fin février?... Dans ces eaux-là... Je pensais vraiment que tu savais. Je sais pas quoi te dire, c'est pas à moi de t'apprendre ça.

— Non, non, c'est pas grave. Et puis si Marlène avait voulu que je le sache, je l'aurais su, t'inquiète...

J'ai raccroché. Je me suis fait couler un bain. Je ne prends jamais de bain, sauf quand il faut que je réfléchisse sérieusement. Une ou deux fois par année, maximum. En réalité, il n'est pas tant question de réfléchir que d'absorber. Je prends des bains quand quelqu'un meurt, surtout. Mon dernier remontait à la mort de Fred, mon parrain. J'étais resté toute la nuit dans la baignoire à grelotter comme un imbécile, comme pour me punir de ne pas l'avoir appelé durant toutes ces années, juste pour lui dire bonjour, l'inviter à prendre un café, le laisser me dire que j'avais encore grandi, des conneries comme ça, des conneries fondamentales.

Je n'étais pas certain que cette histoire de rupture méritait quelque chose d'aussi radical qu'un bain, mais je n'ai pas pris de risque. Et puis prendre un bain dans mon salon, c'était une nouveauté. Un beau soleil de printemps inondait la pièce. On m'avait dit que quelques terrasses s'étaient ouvertes rue Saint-Denis... apparemment.

Montréal carbure à ce genre de rumeurs au printemps. La première bière en terrasse est un rite de passage, presque un signal, comme le son du cor à la chasse à courre. On annonce « J'ai pris une bière à la terrasse de tel bar » et ça signifie qu'on a recommencé à vivre, qu'on se le tienne pour dit. L'étape suivante consiste à apercevoir le premier nombril de la saison — événement émouvant par excellence qui déclare l'été officiellement ouvert. Il peut même grêler le lendemain : détail. Climatologie montréalaise.

Je me suis glissé dans la mousse blanche, de plus en plus perplexe. Il me semblait que j'aurais dû accueillir cette rupture de Marlène comme une délivrance, mais c'était loin d'être là mon sentiment dominant. En vérité, je ne savais que faire de cette nouvelle. Comme on ne sait que faire d'un boulon supplémentaire dans un kit Ikea. Il me brûlait les doigts, ce boulon. Pourquoi ne m'avait-elle pas appelé ? Ne faisais-je donc plus partie de l'équation ?

Orgueil. Après ce coup de fil de la Saint-Valentin, Marlène avait sans doute ravalé ses larmes en se maudissant. Je la voyais foutre un coup de pied au chat, lancer un verre à travers la pièce. Se couper en ramassant les morceaux, évidemment. C'était tout à fait elle. Elle croyait sans doute que je continuais à vivre mon idylle ridicule avec Katarina — mes idylles étant en effet, selon les mots de Marlène, « ridicules », ou alors « minables ». Je n'en sortais pas. Je m'étais pour ma part cantonné à un seul terme pour qualifier sa relation avec Jean : « pathologique ». Alors, tandis qu'elle crachait sur mes idylles *ridicules,* je pérorais sur sa relation *pathologique.* Ça avait donné de jolies scènes.

J'ai regardé l'horizon par la fenêtre, au-delà des toits, des cheminées, des fils électriques. Ce qui me frappait le plus dans cette nouvelle situation tenait à l'intime certitude que cela ne réglait rien. Tout ce temps où j'avais pu croire que Jean était le problème, l'obstacle, ces mois durant lesquels je le maudissais comme je l'aurais fait d'un cataclysme, tous ces instants de hargne m'apparaissaient soudain comme la plus futile dépense d'énergie. Cet être que j'avais haï, que je croyais pouvoir haïr le reste de mes jours, cet homme n'était plus rien. Il n'était plus que Jean, le Jean d'avant, drôle, solitaire, secret; Jean avant qu'il devienne ce fourbe, ce démon, véritable hydre à sept têtes. De ma haine ne subsistaient que des tisons épars, mourants, ravivés fugitivement, au prix d'images terribles, une projection privée de répugnantes étreintes. Et même ces âcres visions de Marlène avec l'autre pâlissaient; tout s'estompait, se liquéfiait. Un brasier nourricier s'éteignait, j'étais seul sur la banquise, le cœur vide, des cendres d'âme à mes pieds.

49

En marchant rue Mont-Royal, je me suis arrêté dans une boutique d'animaux que je connaissais bien. J'avais pris l'habitude, depuis quelques années, de venir y regarder les poissons. Je pouvais rester des heures à observer le ballet des bétas japonais, ces féroces samouraïs qui sacrifiaient leurs robes flamboyantes à la gloire d'un seul combat mortel. Puis je passais aux piranhas, hideux monarques paressant au milieu de leur garde-manger vivant, une douzaine de poissons rouges. Bien plus que les piranhas, c'étaient les poissons rouges qui me fascinaient, nageant aux côtés du bourreau, continuant à vivre, à bouffer, à baiser malgré la mort imminente. Une admirable leçon de gestion de stress. Il y aurait longtemps que je me serais suicidé, à leur place. Il n'y avait même pas de petite épave en terre cuite pour se réfugier, advenant une fringale du gros con. J'ai pensé à Sisyphe.

Après les poissons, je passais aux oiseaux, dont je me lassais assez vite. Dans la nature, j'aimais bien les oiseaux; sur un perchoir, débitant des sérénades usées, je les trouvais pathétiques. Il y avait aussi un gros perroquet bleu qui vous aurait bouffé un doigt pour le simple plaisir de la chose. Il avait, en plus, le mauvais goût de se prénommer Paco, cet horrible volatile, et ne parlait pas un traître mot de français. S'il n'avait pas coûté quatre cents dollars, je me le serais payé, Paco, juste pour avoir le bonheur de l'étrangler arrivé à la maison.

Je terminais ma visite avec les mammifères. J'ai regardé les chatons un moment, tapotant sur la vitre pour les réveiller, en vain. Il y avait, dans une sorte de petit enclos de jeu, deux petits huskys croisés gris et noir qui se bagarraient sous le regard d'un gamin blond. L'enfant essayait de les distraire avec des jouets en caoutchouc, mais les chiots l'ignoraient. Ça l'a mis en rogne et il s'est mis à bombarder les deux bêtes avec les jouets. Sa mère l'a attrapé par le bras et l'a tiré à elle, excédée — légitimement, je trouvais — par ses plaintes colériques. Je me suis penché dans l'enclos et j'ai claqué doucement des doigts. Un des chiots, le plus noir des deux, a relevé la tête et est accouru pour me lécher la main, ce qui a attisé la furie du gamin. J'ai pris le chiot et l'ai sorti de l'enclos, avec l'autre morveux qui hurlait que c'était in-ter-dit! Je l'ai déposé par terre et je me suis éloigné. Il m'a suivi. J'ai pivoté et marché dans l'autre direction d'un pas rapide. Le chiot s'est retourné aussi sec et m'a foncé dans les mollets quand je me suis arrêté. Je me suis accroupi. Il soutenait mon regard, la langue pendante, une oreille dressée. Puis il s'est couché entre mes jambes, sur le dos, sans me quitter des yeux. J'ai réfléchi quelques secondes. Puis à la vendeuse qui observait la scène en souriant, j'ai dit qu'il me fallait un collier bleu, une laisse et un sac de bouffe.

— Pour Sancho, ai-je précisé.

50

Pour son anniversaire, Martine avait fait les choses en
grand. Ou plutôt, elle s'était organisée pour que les gens
autour fassent les choses en grand. L'appartement de son
ami, un comédien en vue, se prêtait parfaitement à l'occa-
sion et Martine y avait réuni près d'une centaine de ses plus
proches amis. Je me suis pointé vers dix heures, avec San-
cho, et j'ai mis quinze minutes à trouver Martine dans tout
ce brouhaha. Elle était sur le toit, où l'on avait aménagé
une terrasse énorme, avec vue sur la montagne. Sancho,
intimidé par autant de gens, marchait entre mes chevilles
et se prenait sans arrêt des coups de botte sur le museau.
Martine m'a aperçu et elle a montré le chien du doigt.
    — C'est quoi, ça? Pas mon cadeau, j'espère!
    — Non, ton cadeau est dans ma voiture. Ça, c'est San-
cho...
    Elle a éclaté de rire. Je ne savais trop si elle goûtait la

référence littéraire, ou si elle se moquait simplement de mon acquisition.

— T'as acheté *ça*!?...

— On s'est reconnus, j'ai dit, j'avais pas vraiment le choix...

— N'importe quoi! Tu te rends compte? T'en as pour dix ans, c'est tout un contrat, un chien...

— C'est pas un chien, c'est Sancho. On s'entend bien.

Je lui ai mis le chiot sur les genoux et j'ai laissé le charme opérer, à grands coups de langue. Instinctivement génial, ce chien.

— Bon d'accord, il est adorable. Un adorable paquet de problèmes, mais adorable quand même...

— Tu me connais, hein? Quand c'est trop simple...

— Je ne m'en vanterais pas, à ta place... À propos de choses compliquées, t'as vu Marlène?

Elle a souri. Elle se trouvait drôle.

— Non, pas encore.

Martine a envoyé son courtisan du moment lui chercher à boire à la cuisine, un gars aux longs cheveux noirs, vingt ans, une gueule d'enfer.

— Un de mes étudiants, a précisé Martine en gloussant.

— Pas très éthique, non?

— Alex! C'est ma fête!

— Ah bon, O.K.

Je me suis assis à côté d'elle. Il faisait étonnamment doux pour le mois d'avril. Avec le béton encore tiède de la ville, ça ressemblait presque à l'été.

— Tu sais que bronzé comme ça, t'es pas mal non plus... a-t-elle dit d'un ton enjoué.

Elle a passé une main dans mes cheveux pour rire, et j'ai pensé qu'elle devait déjà avoir un solide coup dans le nez. Mais ça ne me gênait pas, je trouvais ça plutôt sympathique. J'ai débouché la bouteille de Cazadores que j'avais apportée et j'ai sorti deux petits verres en terre cuite de la poche de mon blouson.

— Martine, on va se boire de la vraie tequila, toi et moi...

— Oh, oh!

On a trinqué à ses trente ans. J'ai versé deux autres verres. J'avais la très nette envie de me saouler — ce qui est rare dans la mesure où, la plupart du temps, c'est un truc qui arrive un peu par accident. On a vidé la moitié de la bouteille en dix minutes. Il commençait à faire chaud. L'autre apollon ne revenait pas, mais Martine avait l'air de s'en foutre pas mal.

— Alors, t'as parlé à Marlène, depuis l'autre jour? elle m'a demandé.

— Non.

— Ben qu'est-ce que t'attends?

— J'attends rien... Pourquoi j'aurais nécessairement envie de lui parler? Elle est plus avec Jean, bon, d'accord, mais qu'est-ce que ça... merde, je sais pas, Martine. Je sais vraiment pas.

On s'est allumé deux cigarettes.

— Je croyais que tu te serais précipité, c'est tout...

— Moi aussi, j'aurais cru. Mais c'est peut-être moins simple, moins... binaire qu'on pourrait le penser. C'est toi qui me disais qu'une rupture, ça avait une architecture compliquée... Alors, une réconciliation, ça doit être pire, non?

— Je sais pas… Excuse-moi, Alex, mais je te trouve mou. Tu pourrais te battre un peu, il me semble… Du nerf, garçon !

— Me battre ! T'es drôle, toi… J'ai pas envie de jouer à ça. Je te donne cinq minutes avant que tu me sortes le verbe « reconquérir »… Je trouve que si quelqu'un doit jouer à Cendrillon, c'est moi, merde ! Et puis c'est sain, à ton avis, de parler de tout ça comme si c'était une espèce de guerre de tranchées ?

— Alex, c'est peut-être pas sain, mais c'est comme ça que ça fonctionne ! C'est comme ça que Marlène fonctionne.

— Non, ça c'est faux, je crois. Et de toute façon, c'est au-dessus de mes forces, Martine. J'ai pas ce qu'il faut. Tu te rends compte comment on parle d'amour en ce moment ? J'ai l'impression de comploter un coup d'État…

Je me suis pris une autre tequila. Ça passait comme de l'eau.

— … Et puis bon, admettons que je manœuvre, que je calcule, que je la *reconquière*, beurk ! qu'est-ce qu'il me reste, au bout, à donner ? Tu crois que je vais avoir envie de lui apporter son café au lit tous les matins ? Tu me vois, toi, généreux, patient, honnête avec elle ? Tu me vois *heureux* !?… Si tu vois ça, t'es forte, parce que moi, je vois vraiment pas…

— C'est triste… La façon dont tu vois ça, c'est triste.

— Euh… on s'habitue.

Je lui ai envoyé un grand sourire mexicain.

— Tu dis des horreurs.

— Je sais. Ce qui est amusant, c'est que c'est même plus difficile de parler comme ça. Mais… je suis pas aussi sombre que j'en ai l'air, honnêtement. Je dis pas que l'affaire est classée, non, ce que je dis, c'est que je crois pas à un coup de force, dans cette histoire-là. Tu comprends? C'est tellement pas ça, Marlène et moi. Je m'imagine pas en brute, à mettre mon poing sur la table, ou en petit conquistador ulcéré… C'est risible. Et puis reprendre où on a laissé, c'est impossible, c'est évident…

— Justement, vous êtes plus forts, non? Tout ce qui ne nous tue pas nous rend plus…

— … nous rend plus peureux, ai-je coupé.

Elle a ri.

— Pauvre chou!

Elle a mis une main dans mes cheveux, puis elle a attiré ma tête vers elle, l'a appuyée contre son épaule. Sa nuque sentait bon. *L'air du temps.* J'ai regardé autour de nous. Une onde soudaine de chaleur m'a traversé le ventre. Je venais de croiser le regard de Marlène, qui discutait avec des gens à l'autre bout de la terrasse. Elle m'avait regardé une demi-seconde.

— Tiens, Marlène… ai-je murmuré en posant ma main sur la cuisse de Martine.

Elle a doucement retiré ma main. Un drôle d'air a glissé sur son visage.

— Alors, tu me le montres, mon cadeau? a-t-elle dit en se levant.

J'ai souri et je me suis levé à mon tour. Elle m'a pris par le bras et on est descendus dans la rue par l'escalier extérieur.

On a marché jusqu'à ma voiture. J'ai ouvert la portière du passager et j'ai sorti une grosse boîte, emballée dans du papier de Noël. Je l'ai posée sur le capot.

— Voilà. Joyeux anniversaire.

Elle l'a déballée, puis elle m'a dit que, vraiment, j'exagérais, que sa télé était quand même partie de mort naturelle et qu'une télé neuve, non, c'était trop. Mais elle était contente comme tout. Elle m'a fait la bise.

On est allés porter dans sa voiture le cadeau que j'avais acheté à crédit, puis on est retournés à la fête. Martine est passée à la cuisine pour prendre une bière et je suis remonté seul sur le toit. Je me suis rassis sur le même banc que plus tôt. Personne n'avait touché à la tequila, mais je ne trouvais plus les petits verres peints, alors j'ai bu au goulot.

J'ai claqué des doigts doucement et le chien est arrivé à la course. Surdoué, Sancho. Il ne maîtrisait pas encore tout à fait le freinage, mais il semblait s'habituer aux collisions. Il s'est couché à mes pieds et s'est endormi en quelques secondes, une patte sur ma botte, épuisé par toute l'attention qu'il avait suscitée. Je me suis demandé si j'étais digne de cette confiance aveugle qu'il avait en moi. On verrait bien.

Marlène n'était plus sur la terrasse. Je n'arrivais pas à décider si j'avais envie de la voir, de lui parler. Plus la moindre idée des sentiments que j'éprouvais pour elle. C'était étrange. Je n'aurais su dire si j'aimais cette fille, si elle pouvait encore me toucher. Peut-être n'était-elle plus qu'un spectre. Il restait des mots en moi, je savais encore les prononcer, mais je craignais de ne plus les comprendre. La dernière fois que je lui avais dit que je l'aimais, les mots agonisaient sur mes lèvres; ils me paraissaient frêles comme des coquilles vides, légers comme un oiseau mort. Lui dire « je t'aime »; avoir l'impression de lui offrir un oiseau mort. Je ne savais trop si je devais combattre cette évaporation, ni comment, ni si cela valait encore quelque chose. Combattre, armé d'une *idée* de l'amour. Mais l'amour avait-il une substance propre, une nature distincte de son idée? Je parvenais à en douter, à croire qu'elle et moi n'étions qu'une idée. Que tout cela n'était que construction. Une sorte de bunker.

J'ai murmuré le nom de Marlène, machinalement. Je l'ai répété de nouveau, puis encore, pour voir le goût qu'il me laissait en bouche. Ça goûtait surtout la tequila. Marlènemarlènemarlènemarlènemarlène. Ce n'était plus un nom, c'était une façon de remuer les lèvres, de respirer, de faire vibrer un peu d'air. J'éviscérais un mot, j'en faisais du bruit. La sensation était horrible. J'avais l'intuition que si je continuais, je me priverais de ce mot à jamais, je deviendrais incapable d'entendre autre chose que de drôles de petits sons. Marlène deviendrait un drôle de petit mot, comme « wapiti », et même pas payant au scrabble. Un mot saigné à blanc, désignifié. Marlènemarlènemarlènemarlènemarlène.

— Bonsoir, Alexandre.

— Bonsoir, Marlène.

Je l'avais presque vidé, le mot. Trois ou quatre minutes encore et j'en serais venu à bout. Mais il avait suffi que je dise « Bonsoir, Marlène » et il était redevenu le mot le plus chargé du monde. Je ne l'ai pas regardé tout de suite, le mot, enfin elle. Je n'avais plus de tequila.

— Qu'est-ce que tu faisais?

— Je répétais ton nom très, très, très vite.

— Juste comme ça?

— Juste comme ça, pour voir.

— T'es saoul?

— Très, très, très, ça aussi. Marlène... je veux ton avis : est-ce que dire qu'on aime, c'est pareil qu'aimer?

— Je sais pas...

— Ouais, faut vraiment y penser. Ou alors pas du tout, faut peut-être répondre vite, avant de comprendre la question. Comme de la psychanalyse... ou quelque chose.

— Tu dis vraiment n'importe quoi...

— Et toi, qu'est-ce que tu dis?

— Ben, rien...

— Ah! Aaaahhh!

Elle a souri. Je ne voyais pas pourquoi. Et ce n'était pas son genre. Elle m'a remis une mèche de cheveux en place. Ses doigts derrière mon oreille. J'ai eu envie de pleurer, soudain. Juste un peu. J'aurais bien pleuré une petite minute. Mais bon, je pouvais faire ça une autre fois, franchement, je me suis dit.

— C'est ton chien? m'a-t-elle demandé en regardant la bête qui roupillait.

— Sancho.

— Je suis contente pour lui. Ça va faire un bon chien, je suis certaine.

— C'est une sale bête. Il a pissé dans la voiture. Il bouffe des annuaires téléphoniques. Après il les vomit. Sale bête.

Marlène a souri. Elle savait bien que je disais n'importe quoi. Quelqu'un a mis une vieille chanson kitsch. Ça s'appelait *Mambo italiano*. Marlène adorait cette chanson.

— Tu veux danser? m'a-t-elle demandé.

— Danser? Ah oui, danser... Danser... ou vomir... Dilemme. Danser-vomir? Vomir-danser? Aïe, aïe...

— Allez! Arrête de faire le con…

Elle m'a pris par la main et on s'est mis à danser le mambo. L'estomac tenait le coup. Marlène avait l'air bien, je trouvais. Presque sereine. Elle portait une jolie robe verte, ou peut-être bleue. Elle dansait avec un bonheur de petite fille, bien que toujours aussi mal, mais je prévoyais les faux pas d'instinct. J'aurais eu de la peine à tenir debout; danser, par contre, ça allait. Elle me faisait confiance, à tort sans doute, se lançant dans de dangereuses virevoltes de son cru. Quand elle se laissait tomber vers l'arrière, mes bras étaient là. Par hasard, mais ils y étaient. La chanson s'est terminée pendant que nous bouclions notre plus belle figure. J'ai entendu quelqu'un nous applaudir, ce qui était ridicule. Ça a fait rire Marlène. Elle s'est collée contre moi un long moment. Puis elle m'a regardé dans les yeux.

— Alex…

Une question mourait dans sa gorge. Je n'avais pas besoin de l'entendre. Je me suis demandé si j'allais lui mentir en lui disant ce que j'allais lui dire. Marlène était belle, elle avait dans le regard comme une lumière d'automne.

— Je ne sais pas, Marlène, j'ai dit. Je ne sais pas.

TITRES AU CATALOGUE

A. M. Klein
Le Second Rouleau

Marie Laberge
Annabelle
La Cérémonie des anges
Juillet
Le Poids des ombres
Quelques Adieux

Marie-Sissi Labrèche
Borderline

Micheline La France
Le Talent d'Achille

Robert Lalonde
Des nouvelles d'amis très chers
Le Fou du père
Le Monde sur le flanc de la truite
Le Vacarmeur
Où vont les sizerins flammés en été?

Raymonde Lamothe
N'eût été cet été nu

Monique Larouche-Thibault
Amorosa
Quelle douleur!

Monique LaRue
La Démarche du crabe

Mona Latif Ghattas
Le Double Conte de l'exil
Les Voix du jour et de la nuit

Nicole Lavigne
Un train pour Vancouver

Hélène Le Beau
Adieu Agnès
La Chute du corps

Rachel Leclerc
Noces de sable

Louis Lefebvre
Guanahani

Francis Magnenot
Italienne

Michèle Mailhot
Béatrice vue d'en bas
Le Passé composé

André Major
Histoires de déserteurs
La Vie provisoire

Alberto Manguel
La Porte d'ivoire

Gilles Marcotte
Une mission difficile
La Vie réelle
La Mort de Maurice Duplessis
et autres nouvelles

Yann Martel
Paul en Finlande

Eric McCormack
Le Motel Paradise

Guy Ménard
Jamädhlavie

Stéfani Meunier
Au bout du chemin

Anne Michaels
La Mémoire en fuite

Michel Michaud
Cœur de cannibale

Marco Micone
Le Figuier enchanté

Hélène Monette
Le Blanc des yeux
Plaisirs et Paysages kitsch
Unless

Yan Muckle
Le Bout de la terre

Pierre Nepveu
Des mondes peu habités
L'Hiver de Mira Christophe

Michael Ondaatje
Le Blues de Buddy Bolden

Fernand Ouellette
Lucie ou un midi en novembre

Nathalie Petrowski
Il restera toujours le Nebraska
Maman last call

Raymond Plante
Avec l'été
Un singe m'a parlé de toi

Daniel Poliquin
L'Écureuil noir
L'Homme de paille